工业互联网技术与应用丛书

工业互联网网络与通信技术 项目化教程

许桂秋　李志刚 ◎ 主　编
李　容　蒋刚毅 ◎ 副主编

人民邮电出版社
北　京

图书在版编目（CIP）数据

工业互联网网络与通信技术项目化教程 / 许桂秋，

李志刚主编. -- 北京 ： 人民邮电出版社，2025.

（工业互联网技术与应用丛书）. -- ISBN 978-7-115

-66015-2

Ⅰ. F403-39；TN91

中国国家版本馆 CIP 数据核字第 202576DB41 号

内 容 提 要

本书从工业互联网网络与通信技术的应用实践出发，寓教于实操，详细阐述工业互联网领域中网络与通信的基础原理与典型应用。本书包括 10 个项目，分别是工业互联网网络基础、工业物联网网络基础、设备通信、现场总线概述、现场总线技术、工业以太网通信技术、工业互联网网络技术、工业网关、工业互联网网络安全、工业互联网网络运维与故障分析。本书部分实验以行业主流应用的西门子 TIA Portal（博途）全集成自动化软件为基础环境，紧跟行业需求和发展现状，以业内的最佳实践来设计和开展相关实验，力求培养读者扎实的理论基础和动手能力。本书内容丰富，实验系统全面，理论联系实际，便于初学者快速入门。

本书可作为工业互联网从业者的参考书，也可作为工业互联网相关课程的教材。

◆ 主　　编　许桂秋　李志刚
　　副 主 编　李　容　蒋刚毅
　　责任编辑　张晓芬
　　责任印制　马振武
◆ 人民邮电出版社出版发行　　北京市丰台区成寿寺路 11 号
　　邮编　100164　　电子邮件　315@ptpress.com.cn
　　网址　https://www.ptpress.com.cn
　　北京隆昌伟业印刷有限公司印刷
◆ 开本：787×1092　1/16
　　印张：11.5　　　　　　2025 年 7 月第 1 版
　　字数：252 千字　　　　2025 年 7 月北京第 1 次印刷

定价：59.80 元

读者服务热线：(010)53913866　印装质量热线：(010)81055316
反盗版热线：(010)81055315

前言

随着大数据、云计算、物联网和人工智能等新一代信息技术的迅猛发展，数字化必将催生工业领域的又一次革命。继德国提出"工业4.0"和美国提出"工业互联网"以来，我国也推出了自己的工业互联网战略规划，促进制造业加速向数字化、网络化、智能化方向发展。

在信息技术日新月异的今天，工业互联网作为新一代信息技术与制造业深度融合的产物，正引领着全球制造业向智能化、网络化、服务化方向发展。工业互联网网络与通信技术作为支撑这一变革的核心基础设施，其重要性不言而喻。从底层的工业网络架构到高层的云端数据交互，每一个环节都蕴含着巨大的技术创新和应用潜力。同时，行业的发展也对该领域的人才培养提出了新的需求。

本书旨在为读者提供一套全面、深入且实用的工业互联网网络与通信技术知识体系。本书不仅详细介绍工业互联网网络的基础理论，还深入探讨新通信技术和新应用案例，旨在帮助读者掌握工业互联网网络与通信技术的核心原理和应用实践，为他们在未来的职业生涯中打下坚实的基础。

在本书的作者团队中，有人长期从事工业互联网的教学和研究工作，有着深厚的理论基础和丰富的项目经验，对工业互联网技术的发展动态有着独到的认识；有人在工业互联网的行业应用落地方面有着丰富的工程经验。在编写过程中，编者注重理论与实践的结合，通过丰富的案例分析和实际操作，帮助读者更好地理解工业互联网中的工业互联网网络与通信技术。同时，本书也结合工业互联网的发展动态，将新技术新成果融入进来，以保持内容的先进性和实用性。

相信本书对工业互联网领域的从业人员和高等院校相关专业的学生会有所帮助，对工业互联网技术的普及和人才教育体系的完善也会发挥积极作用。为了方便大家学习，本书提供了丰富的配套资源，可扫描并关注下方二维码，回复数字"66015"进行获取。

"信通社区"公众号

编者

2025 年 5 月

目录

项目一　工业互联网网络基础

1.1　项目要求

1．理解工业互联网的概念、感知层技术及通信传输层技术。
2．实现 Wireshark 对数据的抓包、分析和处理。

1.2　学习目标

1．了解工业互联网的概念。
2．理解工业互联网的价值。
3．掌握工业互联网的感知层技术。
4．掌握工业互联网的通信传输层技术。
5．熟悉工业互联网的应用服务技术。

1.3　相关知识

1.3.1　工业互联网概述

工业互联网（industrial Internet）是互联网技术与工业系统深度融合的产物，它通过先进的信息通信技术和工业系统相结合，实现了工业生产过程的智能化、网络化和服务化。它不仅改变了制造业的生产方式，还推动了能源、交通、医疗等诸多行业的变革。

工业互联网正在引领一场深刻的工业变革，它不仅能够提高生产效率和产品质量，还能够推动整个社会的可持续发展。随着技术的不断进步和应用的不断深入，工业互联网将为各行各业带来前所未有的机遇。然而，要充分利用工业互联网的潜力，还需要解决一系列技术问题。未来，随着政策支持、技术进步和市场驱动，工业互联网有望在全球范围内实现更广泛的应用，推动工业经济向更高水平发展。

工业互联网，英文表述为 IIoT（industrial Internet of things），是互联网技术与传统工业系统相结合的产物。它通过将先进的信息通信技术与工业设备、系统和资产相连接，实现数据的采集、传输、处理和分析，从而推动工业生产方式的智能化、网络化和服务化。工业互联网的出现，标志着工业生产从自动化向智能化的转变，是第四次工业革命（即工业 4.0）的核心驱动力。

工业互联网是一个多维度的概念。在技术上，它基于物联网技术，通过设备的互联、互通实现数据的实时采集和交换，并利用云平台和先进技术，如大数据分析技术、人工智能技术，对数据进行深入分析，以优化生产流程。在应用上，它贯穿整个产业链，提供远程监控、预测性维护、智能排程等功能。工业互联网平台作为核心，提供开放环境，支持设备管理、数据处理、应用开发等操作，促进企业快速构建和迭代工业应用。在生态上，工业互联网形成开放性生态系统，促进企业间的资源共享、数据和服务共享，共同推动工业创新和价值创造。

工业互联网的关键要素包括连接、数据、分析和安全。连接是工业互联网的基础，涉及设备和系统的互联互通，依赖有线通信技术和无线通信技术，如工业以太网、Wi-Fi、蓝牙和 5G 等。数据是工业互联网的核心资产，通过收集和分析来自生产现场的大量数据，企业可以洞察生产过程，预测设备故障，优化生产计划。分析是指利用大数据分析、机器学习和人工智能技术，从数据中提取有价值的信息，支持决策制定。安全随着工业系统的网络化变得尤为重要，数据的传输和存储安全需要得到保障，防止数据泄露和遭到网络攻击。

工业互联网的基本架构通常包括以下几层。

（1）边缘层：这一层负责数据的采集和初步处理，包括各种传感器、执行器和其他工业设备，以实时收集数据并进行简单的分析。

（2）网络层：该层确保数据的可靠传输，所用技术包括有线和无线通信技术，确保数据能从边缘层安全、高效地传输到平台层。

（3）平台层：该层是工业互联网的核心，提供数据存储、处理、分析和应用开发的环境。平台层通常包括数据管理、设备管理、应用开发、运行环境等模块。

（4）应用层：该层是工业互联网与用户直接交互的层，它将平台层提供的服务和功能转化为具体的工业应用，如预测性维护、资源优化和远程监控等。

（5）安全层：该层确保整个工业互联网架构的安全性，包括数据安全、网络安全、设备安全和应用安全等，以防止数据被泄露、篡改和攻击。

工业互联网的这些层相互协作，共同支撑工业数字化转型和智能化升级。

工业互联网的特征包括以下内容。

（1）高度集成的系统：工业互联网将各种工业设备、传感器、控制系统等信息技术系统高度集成，实现数据的无缝流动和信息的实时共享。这种集成不仅包括设备之间的连接，还包括企业内部不同层级系统和部门之间的信息交换。

（2）实时数据处理：工业互联网能够实时收集和处理来自生产现场的大量数据，为生产过程提供实时监控和优化，这有助于提高生产效率、降低能耗和减少废品率。

（3）预测性维护：通过分析设备运行数据，工业互联网可以预测设备可能出现的问题，使相关人员可以提前进行维护，从而减少停机时间，提高设备利用率。

（4）优化资源配置：工业互联网可以实现对生产资源的优化配置，其中包括原材料、能源和人力资源等。通过数据分析和模型优化，企业可以实现更高效的生产过程，降低成本。

（5）个性化定制：工业互联网可以实现大规模定制生产，满足不同客户的需求。通过灵活的生产线和智能调度系统，企业可以快速调整生产计划，满足客户的个性化需求。

（6）跨界融合：工业互联网将制造业与互联网、大数据和人工智能等新兴技术深度融合，推动制造业向数字化、智能化方向发展，这种跨界融合将为制造业带来新的增长点和发展机遇。

（7）安全可靠：工业互联网在保障数据安全和系统稳定方面具有更高的要求。通过采用先进的安全技术和管理措施，工业互联网可以确保生产过程的安全可靠，防止数据泄露和系统故障。

（8）可持续发展：工业互联网有助于实现可持续发展，通过优化资源配置、降低能耗和减少废弃物排放，降低对环境的影响。同时，工业互联网还可以促进循环经济的发展，提高资源的利用效率。

1.3.2　OSI 参考模型

开放系统互联（OSI，open system interconnection）参考模型是一个由国际标准化组织（ISO，International Standard Organization）制定的网络通信模型，旨在促进不同厂商生产的计算机系统之间的互操作性。OSI 参考模型定义了不同网络设备之间通信时所遵循的七层结构，每一层都有其特定的功能和协议。这个模型于 1984 年被正式规定为 ISO/IEC 7498 标准，并且成为网络设计和故障排除的基础。

1. 物理层

物理层是计算机网络体系结构中的最低层，负责在各种物理介质上传输原始的比特流。这些物理介质包括铜缆、光纤以及电磁波等。物理层的主要任务是确保原始数据能够准确无误地从一个节点传输到另一个节点。

物理层定义了多个关键特性，以确保数据传输的正确性和有效性。具体包括以下内容。

（1）电气特性：这些特性涉及电压、电流、阻抗等电气参数，它们决定了信号的物理表示方式。例如，在以太网中，电气特性会定义如何通过电压的变化表示二进制数 0 和 1。

（2）机械特性：这些特性描述了物理连接器的形状、尺寸、引脚配置等，确保不同设备之间的物理连接彼此兼容。例如，RJ-45 连接器在以太网中的使用就是机械特性的典型例子。

（3）过程特性：这些特性涉及信号的同步、时序以及传输过程中的控制信号。它们确保数据在传输过程中能够正确地同步，避免数据包的丢失或错位。

（4）功能特性：这些特性定义了物理层设备的功能，如信号的发送、接收、放大和转换等。它们确保物理层设备能够执行其基本任务，例如，光纤通信中的光端机负责在发送端将电信号转换为光信号，在接收端将光信号转换回电信号。

物理层的例子如下所示。

- 以太网：一种广泛使用的局域网技术，定义了如何在铜缆或光纤上进行数据传输。
- Wi-Fi：一种无线局域网技术，允许设备通过无线的方式进行通信。
- 光纤通信：一种利用光脉冲在光纤中传输数据的技术，具有高带宽和长距离传输的优势。

物理层是构建可靠网络通信的基础，它确保了数据能够在不同的设备和网络之间准确无误地传输。图 1-1 展示了物理层设备及连接方式。

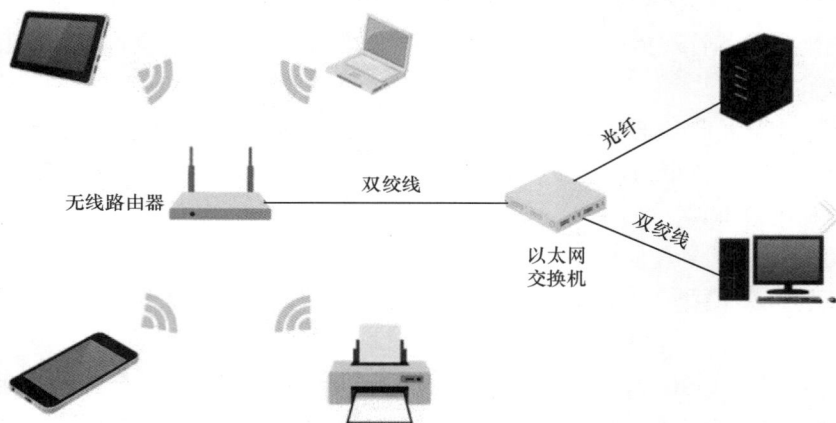

图 1-1　物理层设备及连接方式

2．数据链路层

在 OSI 参考模型中，数据链路层位于物理层之上，负责在相邻节点之间建立、维护和终止数据链路。这一层的主要任务是确保数据能够在物理介质上可靠传输，同时进行错误检测、流量控制、帧同步等内容。数据链路层可进一步细分为两个子层：逻辑链路控制（LLC，logical link control）和介质访问控制（MAC，media access control）。

LLC 子层作为数据链路层的上层，主要负责提供与网络层的接口，实现网络层与数据链路层之间的通信。LLC 子层负责数据帧的封装和解封装，确保数据包的正确传输。同时，它还负责流量控制，以防止发送端发送数据的速度过快，导致接收端来不及处理。此外，LLC 子层还提供错误控制功能，通过检测和重传机制确保数据的正确性。LLC 子层的协议设计允许不同的物理介质和 MAC 子层协议在逻辑上保持一致，从而实现网络层的独立性。

MAC 子层作为数据链路层的下层，直接与物理介质相接。MAC 子层的主要职责是控制对物理介质的访问，确保数据能够在共享介质上有效地传输。它通过各种协议和算法管理节点对介质的访问，以避免数据冲突和碰撞。例如，在以太网中，MAC 子层使用带冲突检测的载波监听多路访问（CSMA/CD，carrier sense multiple access with collision detection）协议控制网络上的数据传输。

Ethernet 协议是数据链路层中广泛使用的协议之一。它定义了如何在局域网中传输数据帧，并规定了帧的格式、大小以及共享介质上数据的传输方式。Ethernet 协议的 MAC 子层使用 MAC 地址识别网络中的设备，并通过 CSMA/CD 协议控制数据的发送和接收。

点到点协议（PPP，point-to-point protocol）是另一种常见的数据链路层协议，主要用于点对点的通信连接。PPP 提供了一种在同步和异步链路上封装数据包的方法，并且能够进行身份验证、加密和压缩操作，通常用于拨号上网和宽带连接。PPP 中的 LLC 子层负责封装网络层数据包，并提供错误检测机制。

MAC 地址是数据链路层中用于标识网络设备的唯一地址，每个网络接口卡（NIC，network interface card）都有一个全球唯一的 MAC 地址。它通常由 48 位二进制数组成，分为组织唯一标识符（OUI，organization unique identifier）和网络接口控制器序列号两部分。MAC 地址在数据链路层中用于确保数据帧能够准确地发送到目标设备，是网络通信中不可或缺的一部分。

数据链路层的这些功能和协议共同确保了数据能够在物理介质上可靠地传输，为上层的网络层提供了稳定的数据传输服务。通过 LLC 和 MAC 子层的协同工作，数据链路层能够有效地解决数据传输过程中的各种问题，保证了网络通信的效率和可靠性。数据链路层的作用如图 1-2 所示，可以看出，网络中的主机、路由器等都必须实现数据链路层。

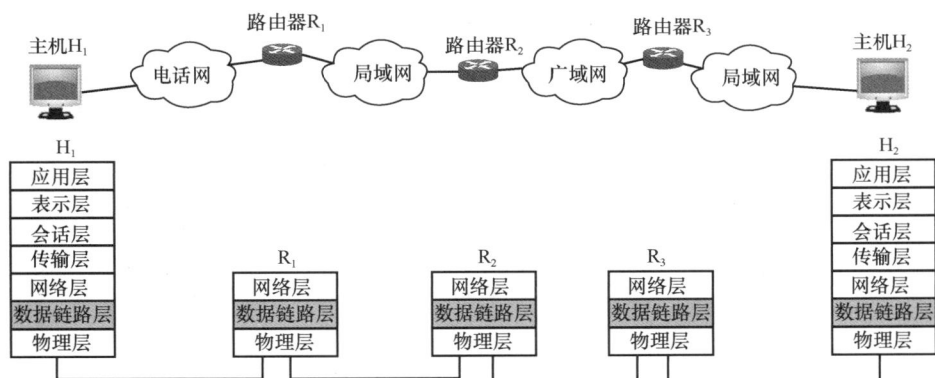

图 1-2 数据链路层

3. 网络层

网络层，作为 OSI 参考模型中的第三层（从下往上），扮演着至关重要的角色。它负责将数据包从源主机传输到目的主机，并且在这一过程中进行路由选择。网络层的核心功能包括逻辑地址的定义、数据包的转发，以及路由选择算法的实现。这一层确保了数据能够在复杂的网络环境中准确无误地传输，是实现全球互联通信的基础。

逻辑地址是网络层的关键组成部分，它为网络中的每个设备提供了一个独一无二的标识。最广为人知的逻辑地址是 IP 地址。IP 地址是分配给网络中每个设备的数字标签，它允许数据包在复杂的网络中被正确地路由到目标设备。IPv4 和 IPv6 是目前广泛使用的两个版本，其中，IPv4 地址由 32 位二进制数组成，IPv6 地址由 128 位二进制数组成，后者是为了解决地址耗尽的问题而设计的。

除了逻辑地址，网络层还定义了一系列路由协议，这些协议负责在路由器之间交换路由信息，从而构建和维护路由表。路由表是路由器用来决定数据包下一跳位置的数据库。开放最短路径优先（OSPF，open shortest path first）和边界网关协议（BGP，border gateway protocol）是两种主要的路由协议。OSPF 是一种内部网关协议（IGP，interior gateway protocol），使用链路状态路由算法确保网络中的路由器拥有最新的网络拓扑信息。BGP 则是外部网关协议（EGP，exterior gateway protocol），用于不同自治系统（AS，autonomous system）之间的路由选择，是互联网上不同网络之间通信的基础。

除了 IP 和路由协议，网络层还定义了其他重要协议，例如，互联网控制报文协议（ICMP，Internet control message protocol）。ICMP 用于发送关于网络问题的通知，例如目标不可达、超时等。ICMP 还可用于网络连接性诊断，如 Ping。

网络层的另一个重要功能是分段和重组。由于数据链路层通常有最大传输单元（MTU，maximum transmission unit）的限制，当数据包的大小超过这个限制时，网络层需要将数据包分割成更小的片段。这些片段在网络层被独立地发送，并在到达目的设备后由其网络层重新组装成原始数据包。

网络层还负责处理拥塞控制。当网络中的数据流量过大，超过了网络的处理能力时，网络就会发生拥塞。网络层通过各种算法控制数据包的发送速率，以避免或减少拥塞的发生，确保网络资源的合理分配和使用。

网络层的设计和实现对于整个网络的性能和可靠性至关重要。它不仅需要处理数据包的传输和路由选择，还要确保数据包的顺序、完整性和安全性。随着网络技术的不断发展，网络层也在不断地进行优化和升级，以适应新的需求和挑战。例如，随着物联网（IoT，Internet of things）设备的增加，网络层需要支持更多的设备和更复杂的网络结构。同时，为了应对网络安全威胁，网络层也在集成更多的安全协议和机制，如互联网络层安全协议（IPsec，Internet protocol security），以保护数据传输的安全。

总之，网络层是网络通信的核心，它通过定义逻辑地址、路由协议、分段和重组、拥塞控制等机制，确保了数据包能够高效、准确地从源主机传输到目的主机。随着技术的进步和网络环境的日益复杂，网络层将继续发展和演进，以满足未来通信的需求。

4．传输层

传输层是计算机网络体系结构中的关键层之一，位于网络层之上、应用层之下。它的主要职责是提供端到端的数据传输服务，确保数据段能够准确无误地从源主机传输到目的主机。传输层通过其协议确保数据传输的可靠性、完整性和顺序性，同时处理网络拥塞控制和流量控制等问题。

在传输层中，核心协议是传输控制协议（TCP，transmission control protocol）和用户数据报协议（UDP，user datagram protocol）。TCP 是一种面向连接的协议，在数据传输之前会建立一个稳定的连接通道。TCP 通过三次握手过程来建立连接，确保双方都准备好数据进行交换。一旦连接建立，TCP 将通过序列号、确认应答、流量控制和拥塞控制等机制保证数据的顺序传输和可靠性。如果数据段在传输过程中丢失或出错，TCP 会负责重新发送这些数据段。这种面向连接的特性使得 TCP 非常适合于需要高可靠性的应用，如网页浏览、文件传输和电子邮件。

与 TCP 不同，UDP 是一种无连接的协议。它不需要建立连接，而是直接发送数据段。UDP 不保证数据段的顺序、可靠性或完整性，也不提供流量控制和拥塞控制。由于其简单性，UDP 的开销较小，传输效率较高，适用于对实时性要求较高的应用，如在线视频、音频和实时游戏。尽管 UDP 不保证数据的可靠传输，但它允许应用程序根据需要实现自己的错误检测和纠正机制。

传输层还负责端口的管理，这里的端口是指传输层与应用层之间的接口。每个传输层协议都有自己的端口号，用于区分不同的服务和应用程序。例如，TCP 和 UDP 使用 1～65535 的端口号，其中，1～1023 通常被系统级服务或知名应用程序使用，如 HTTP 服务默认使用 TCP 的 80 端口，HTTPS 服务使用 TCP 的 443 端口。

传输层的另一个重要功能是分段和重组。由于网络层的数据包大小有限制，传输层需要将应用层传来的数据进行分割，以适合网络层传输，然后在接收端重新组合。TCP 和 UDP 都提供了这种机制，但 TCP 在数据传输过程中会进行更复杂的管理，以确保数据的正确重组。

在网络安全方面，传输层也扮演着重要角色。TCP 和 UDP 都可能成为网络攻击的目标，例如，通过伪造的 TCP 连接或利用 UDP 的无连接特性进行攻击，因此，传输层协议需要与安全协议配合使用，如传输层安全协议（TLS，transport layer security）和安全套接字层（SSL，secure socket layer），以提供加密和身份验证功能，确保数据传输的安全性。

总之，传输层是网络通信中不可或缺的一层，它通过 TCP 和 UDP 为应用层提供稳定、可靠及高效的端到端数据传输服务。传输层的设计和实现直接影响到整个网络通信系统的性能和安全性。随着网络技术的发展和应用需求的变化，传输层协议也在不断地演进，以适应新的挑战和需求。传输层示意如图 1-3 所示。

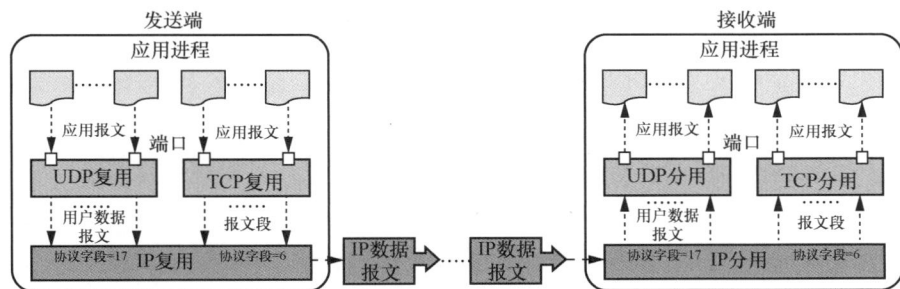

图 1-3　传输层示意

5. 会话层

会话层是 OSI 参考模型的第五层（由下往上），位于表示层和传输层之间，主要负责在网络中的两个应用进程之间建立、管理和终止会话。会话层为数据交换提供了一种逻辑连接，确保数据能够以正确的顺序传输，并在必要时提供同步点，以便在通信中断后能够恢复会话。

会话层的主要功能具体如下。

（1）建立会话：会话层负责初始化和建立两个系统之间的会话，这涉及一系列握手过程，以确保双方都准备好进行数据交换。

（2）管理会话：一旦会话建立，会话层将管理会话的持续时间，具体包括控制数据的交换顺序，以及在数据传输过程中可能出现的暂停和恢复。

（3）终止会话：当数据传输完成或出现错误时，会话层负责终止会话，这确保所有资源被正确释放，并且网络状态被恢复到会话开始前的状态。

（4）数据交换定界：会话层为数据交换提供定界功能，这意味着它能够区分不同应用进程之间的数据流，有助于确保数据被正确地发送到目标应用。

（5）同步功能：会话层提供同步点，允许数据传输在发生错误或中断后能够从最近的同步点恢复，这对于长距离或不可靠的网络连接尤为重要。

（6）检查点和恢复方案：会话层可以设置检查点，这些检查点是数据传输过程中的关键点。如果会话在传输过程中被中断，系统可以从最近的检查点恢复，而不是从头开始。

会话层的例子包括网络基本输入/输出系统（NetBIOS, network basic input/output system）和 SQL。NetBIOS 是早期局域网中用于管理网络通信的一种协议，它允许应用程序在不同的计算机之间建立会话。SQL 则是一种广泛使用的数据库查询语言，它在数据库管理系统中用于建立、管理和终止与数据库的会话。

NetBIOS 通过提供一个会话层服务，使网络上的应用程序能够通过名称来识别对方，并建立连接。它支持 3 种类型的操作：名称服务、会话服务和数据报服务。名称服务允许应用程序注册和解析网络上的名称，会话服务则用于建立和管理两个应用程序之间的连接，而数据报服务提供了一种无连接的通信方式。

SQL 在数据库层面上使用会话层的概念。当用户或应用程序通过 SQL 与数据库建立连接时，实际上是在会话层上建立了一个会话。这个会话允许用户执行查询、更新数据、管理数据库对象等操作。SQL 还负责处理事务，确保数据的一致性和完整性。

在现代网络通信中，会话层的概念同样重要。虽然在 TCP/IP 模型中没有明确区分会话层，但其功能通常由应用层协议（如 HTTP、FTP、SMTP 等）来实现。这些协议在建立连接时，实际上也实现了会话层的功能，例如会话的建立、管理和终止。

总之，会话层是网络通信中不可或缺的一部分，它确保了数据交换的逻辑连接和管理，使网络应用能够高效、有序地进行数据传输。无论是传统的 NetBIOS 还是现在的 SQL，会话层都扮演着关键角色，为应用层提供稳定可靠的通信基础。

6. 表示层

表示层位于应用层之下、会话层之上，它的主要职责是确保一个系统的应用层所发送的信息可以被另一个系统的应用层读取。为了实现这一职责，表示层负责数据的表示、安全和压缩等工作。

数据表示是指将数据转换成一种标准格式，以便不同系统之间能够互相理解，其中包括字符编码、数据格式和数据结构的转换。例如，ASCII 是一种广泛使用的字符编码标准，它定义了英文字符与数字之间的对应关系，使文本信息可以在不同的计算机系统之间传输和解读。JPEG 和 MPEG 则是图像和视频数据的压缩标准，它们通过减少数据量来提高传输效率，同时尽量保持图像和视频的质量。

表示层还负责数据的安全性。数据在传输过程中可能会遇到窃听、篡改或伪造等安全威胁。SSL 和 TLS 是两种广泛使用的安全协议，它们在传输层之上提供加密功能，确保数据在传输过程中的机密性和完整性。SSL/TLS 通过使用公钥和私钥的加密技术，以及数字证书来验证通信双方的身份，从而保护数据不被未授权的第三方访问。

表示层还涉及数据的压缩。数据压缩可以减少数据的大小，从而加快数据在网络中的传输速度，并减少存储空间的需求。压缩可以是有损的，也可以是无损的。有损压缩通常用于图像和视频数据，它通过舍弃一些不重要的信息来减少数据量。无损压缩则保证数据在压缩后可以完全恢复到原始状态，不会丢失任何信息。常见的无损压缩格式包括 ZIP 和 RAR。

表示层的另一个重要功能是数据的转换。由于不同的计算机系统可能使用不同的数据表示方法，因此数据在交换时需要进行转换。例如，不同操作系统可能使用不同的换行符表示文本行的结束，表示层需要消除这些差异，转换为统一的格式，以确保数据的正确解读。

在实际应用中，表示层的实现可能依赖特定的应用协议或标准。例如，在 Web 应用中，HTTP 的头部信息中就包含关于数据表示的元数据，如内容类型（content-type），它告诉接收端如何处理接收到的数据。此外，XML、JSON 等数据交换格式也广泛应用于表示层，它们定义了数据的结构化表示方法，使数据在不同系统间传输时能够保持其结构和含义。

总之，表示层是网络通信中不可或缺的一环，它通过数据表示、安全、压缩、转换等功能，确保了不同系统间应用层数据的正确交换和理解。随着网络技术的发展，表示层也在不断地演进，以适应新的数据类型和安全需求。

7. 应用层

应用层是计算机网络体系结构中的最高层，直接为应用软件提供网络服务，是用户与网络交互的界面。应用层负责处理特定的应用程序细节，为应用程序提供网络通信服务，使用户能够通过网络进行数据交换和资源共享。这一层的协议和标准定义了应用程序如何在互联网上进行通信，以及如何使用传输层提供的服务。

应用层协议众多，每种协议都针对特定的应用场景。例如，HTTP 是一种用于从万维网服务器传输超文本到本地浏览器的协议，它定义了请求和响应的格式，使用户能够浏览网页、下载文件等。FTP 则用于在网络上进行文件传输，它允许用户上传和下载文件，支持文件的管理操作。简单邮件传送协议（SMTP，simple mail transfer protocol）用于发送电子邮件，它规定了邮件服务器之间以及邮件客户端与服务器之间的通信规则。域名系统（DNS，domain name system）则将易于记忆的域名转换为计算机能够理解的 IP 地址，是互联网上不可或缺的基础设施。

应用层的设计目标是提供一个平台，使应用程序能够方便地使用网络资源。为了实现这一点，应用层协议通常包括数据格式、传输规则、会话管理等要素。数据格式定义了数据如何封装和解封装，传输规则定义了数据如何在网络中传输，会话管理则涉及通信双方连接的建立、维护和终止。

应用层协议的实现通常需要依赖下层提供的服务，尤其是传输层服务。应用层协议通过调用传输层提供的接口，如 TCP 或 UDP，来实现可靠或不可靠的数据传输。

在实际应用中，应用层协议的实现需要考虑到网络的异构性和复杂性。网络环境可能包括不同的操作系统、网络设备和安全策略，因此应用层协议需要具备良好的兼容性和适应性。此外，随着互联网技术的发展，新的应用层协议不断涌现，以满足日益增长的网络应用需求。

应用层协议的开发和标准化是一个持续的过程，需要遵循开放的标准和协议，以确保不同系统和应用之间的互操作性。ISO、IETF 等机构在这一过程中扮演着重要角色，它们负责制定和维护各种应用层的协议和标准。

总之，应用层是网络通信中至关重要的一层，它直接服务于用户，提供丰富的网络应用功能。随着技术的不断进步，应用层协议也在不断地演进，以适应新的网络应用需求和挑战。

1.3.3 TCP/IP 模型

TCP/IP 模型是一种用于计算机网络通信的分层架构，定义了数据在网络中传输时所遵循的协议和过程。这个模型最初由美国国防部高级研究计划局（DARPA，Defense Advanced Research Projects Agency）开发，用于阿帕网（ARPANET）项目，后来成为互联网的基础。TCP/IP 模型通常分为四层，每一层都有其特定的功能和协议。

1. **数据链路层**

数据链路层负责在同一个网络内的设备之间传输数据帧，处理物理地址（如 MAC 地址）和硬件接口。该层的主要协议包括 Ethernet、Wi-Fi（IEEE802.11）和 PPP，确保数据帧能够正确地从一个设备传输到另一个设备。

2. **网络层**

网络层负责不同网络之间的数据传输。该层的主要协议是 IP，它定义了数据包的寻址和路由机制。其他相关协议包括互联网控制报文协议（ICMP，Internet control message protocol），用于发送错误消息和操作信息，以及互联网组管理协议（IGMP，Internet group management protocol），用于管理多播组。

网络层确保数据包能够跨越多个网络到达目的地。

3. **传输层**

传输层负责端到端的数据传输，主要协议包括 TCP 和 UDP。TCP 提供可靠的数据传输，确保数据段的顺序、完整性和连接管理。UDP 提供无连接的数据传输，适用于对实时性要求较高的应用，如视频流和在线游戏。

传输层确保数据能够正确、完整地从源端传输到目的端。

4．应用层

应用层负责为应用程序提供网络服务，包括 HTTP、HTTPS、FTP、SMTP、DNS 等协议。

应用层协议定义了数据的格式、传输方式和交互过程。

应用层直接与用户的应用程序交互，提供用户所需的服务。

TCP/IP 模型的四层架构提供了一个清晰的分层方法，使网络通信过程更加有序和易于管理。每一层都只与它直接相邻的上层/下层交互，这种分层方式也便于网络协议的开发和维护。

1.3.4　工业互联网网络体系

工业互联网网络体系是工业互联网的核心组成部分。它通过将先进的信息通信技术与工业系统深度融合，实现了工业设备、系统、生产线的智能化、网络化和数字化。工业互联网网络体系通常可以分为以下几部分。

边缘层（edge layer）。它位于工业互联网网络体系的最底层，直接与工业现场的设备（如传感器和执行器等）连接。边缘层的主要功能是数据采集、预处理、边缘计算和初步分析。通过边缘计算，系统可以实现数据的快速处理和响应，减少对中心云的依赖，提高自身的实时性和可靠性。

网络层（network layer）。它负责将边缘层采集的数据传输到中心云或企业内部的信息系统。网络层需要具备高带宽、低时延、高可靠性、高安全性等特点。工业互联网网络体系通常采用多种通信技术，如有线网络（以太网、工业以太网等）、无线网络（Wi-Fi、蓝牙、NB-IoT、5G 等）以及卫星通信等实现数据的传输。

平台层（platform layer）。它是工业互联网网络体系的核心，负责数据的存储、处理、分析和应用。平台层通常包括工业大数据平台、工业 PaaS[1]平台、工业应用开发平台等。通过平台层，企业可以实现设备管理、生产优化、资源调度、质量控制和供应链管理等功能。

应用层（application layer）。它位于工业互联网网络体系的最顶层，主要面向用户，为他们提供各种工业互联网应用。应用层包括各种工业应用软件、解决方案和服务，如智能工厂、智能物流、智能维护、智能能源管理等。通过应用层，用户可以实现生产效率提升、成本降低、产品质量提高等目标。

安全保障体系（security system）。它是工业互联网网络体系的重要组成部分，负责确保整个网络体系的安全性。安全保障体系包括物理安全、网络安全、数据安全和应用安全

1　PaaS：platform as a service，平台即服务。

等多个方面。完善的安全保障体系可以有效防范网络攻击、数据泄露等安全风险，保障工业互联网网络体系的稳定运行。

总之，工业互联网网络体系通过将先进的信息通信技术与工业系统深度融合，实现工业设备、系统、生产线的智能化、网络化和数字化，从而提高生产效率、降低成本、提升产品质量，推动工业转型升级。

1. 控制网络

控制网络（CNet，control network）是工业互联网网络层次架构中的关键组成部分，主要负责实时控制和管理工业生产过程，其架构如图 1-4 所示。

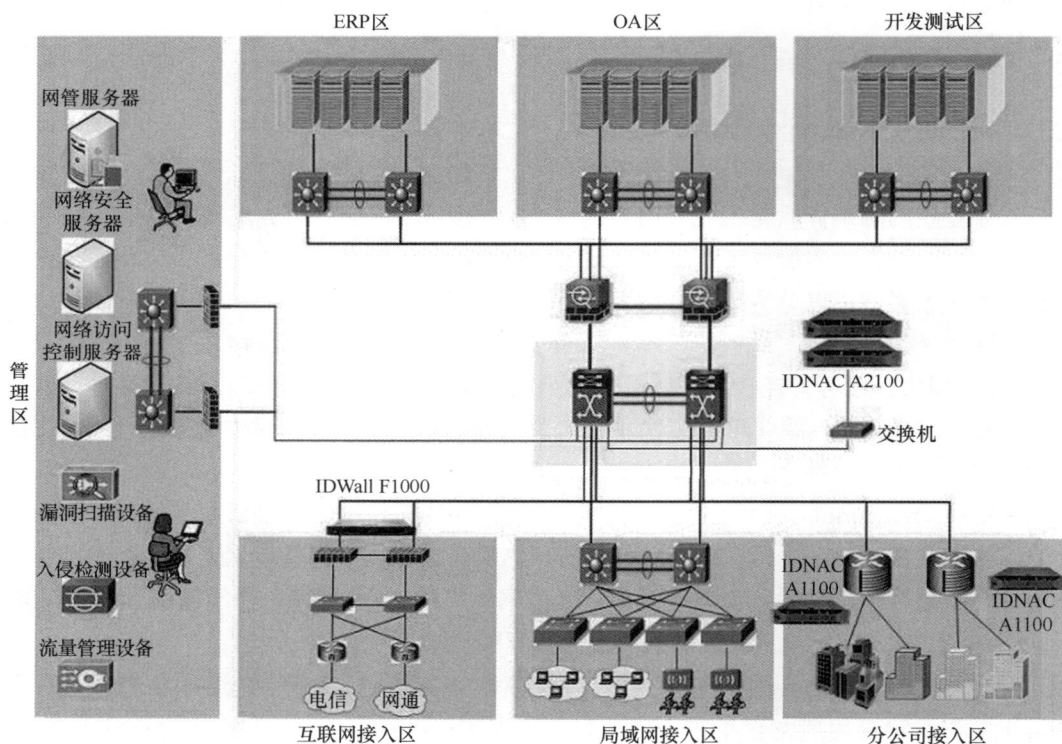

图 1-4　CNet 架构
注：IDNAC A1100、IDNAC A2100、IDWall F1000 均为设备型号。

（1）功能定位

控制网络位于工业互联网网络体系的控制层，主要负责收集和处理来自感知层的数据，实现对工业设备和系统的实时控制和管理。控制网络需要具备高可靠性和低时延的特点，以满足工业生产对实时性的要求。

（2）技术特点

控制网络通常采用工业以太网、现场总线和无线通信等技术，以实现设备之间的高速、稳定和安全通信。此外，控制网络还需要支持多种工业协议，如 Modbus、Profibus、OPC UA 等，以实现不同设备和系统的互操作性。

（3）网络结构

控制网络通常采用分层的网络结构，其中包括接入层、汇聚层和核心层。接入层负责连接各种工业设备和传感器，汇聚层负责数据的汇聚和转发，核心层负责实现网络的高速传输和路由。

（4）安全性

控制网络需要具备强大的安全防护能力，以防止网络攻击和数据泄露，通常采用加密、认证和访问控制等安全技术，以及实施网络安全管理和应急响应机制。

（5）可靠性

控制网络需要具备高可靠性，以确保工业生产过程的稳定运行，通常采用冗余设计、故障检测和恢复机制，以及实施网络性能监测和优化措施。

（6）与其他层的交互

控制网络需要与感知层、网络层和应用层进行紧密的交互，以实现整个工业互联网网络的稳定运行。例如，控制网络需要从感知层获取实时数据，通过网络层将数据传输到应用层，并根据应用层的需求调整控制策略。

通过采用先进的网络技术和安全防护措施，控制网络可以满足工业生产对实时性、可靠性和安全性的要求，从而提高生产效率和质量。

2．系统网络

系统网络（SNet，system network）是工业互联网网络体系中的一个重要组成部分，负责在工业设备、控制系统、信息系统和具体应用之间提供可靠、高效和安全的数据通信。系统网络的设计和实施对于实现工业自动化、智能制造和工业互联网平台的高效运行至关重要。

工业互联网网络的感知层、网络层和应用层中，系统网络主要位于网络层，但也与感知层和应用层紧密相连，以确保整个工业互联网体系的顺畅运作，如图 1-5 所示。

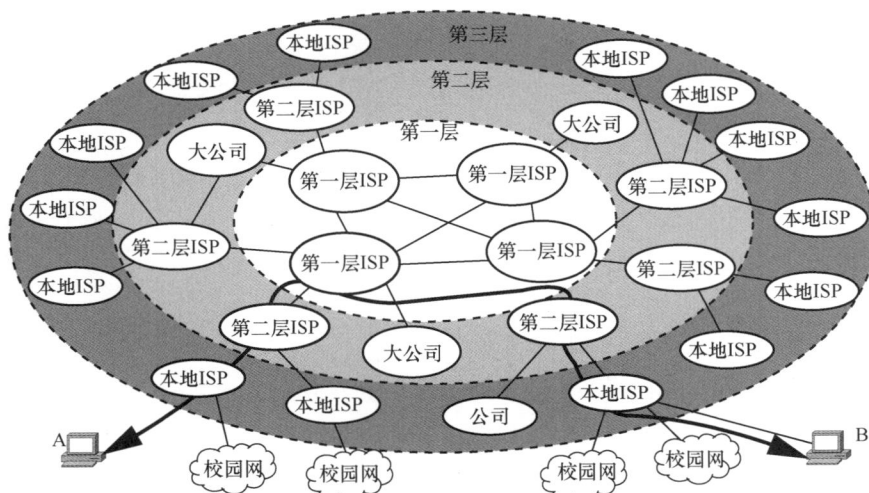

ISP：Internet service provider，因特网服务提供方。

图 1-5　系统网络

（1）网络连接性

系统网络负责将各种工业设备（如传感器、执行器、控制器）和企业信息系统连接起来，形成一个统一的网络环境。

它支持多种通信协议和标准，如 Modbus、Ethernet、IP 等，以确保不同设备和系统之间的互操作性。

（2）数据传输

系统网络负责高效、安全地传输数据，包括实时数据、历史数据和控制命令。

它需要具备足够的带宽和低时延特性，以满足工业应用对时间敏感的需求。

（3）网络拓扑

系统网络可以采用多种网络拓扑，如星形拓扑、环形拓扑、总线拓扑或网状拓扑，以适应不同的工业环境和应用需求。

网络的可扩展性和灵活性是设计系统时需要考虑的重要因素。

（4）安全性和可靠性

系统网络必须确保数据传输的安全性，防止未授权访问、数据篡改和网络攻击。

网络的冗余设计和故障恢复机制是保障工业生产连续性和可靠性的关键。

（5）QoS 保证

系统网络需要提供服务质量（QoS，quality of service）保证，其中包括数据传输的优先级管理、带宽分配和时延控制。它对于确保关键任务的实时性和非关键任务的正常运行至关重要。

（6）网络管理

系统网络的管理包括网络配置、性能监控、故障诊断和优化。系统网络的管理系统要能够集成到工业互联网的整体管理框架中，实现集中化和自动化管理。

（7）与应用层的集成

系统网络需要与工业互联网网络体系的应用层紧密集成，支持各种工业应用，如预测性维护、资源优化、供应链管理等。它需要提供 API 和数据接口，以便应用层可以访问和利用网络层收集的数据。

系统网络的设计和实施需要综合考虑工业环境的特殊性，如电磁干扰、温度变化、振动等因素，确保网络的稳定性和长期可靠性。随着工业 4.0 和智能制造的发展，系统网络在工业互联网中的作用将越来越重要，成为实现工业自动化和智能化的关键基础设施。

3．管理网络

管理网络（MNet，management network）是工业互联网体系结构中的一个重要组成部分，它负责对整个工业互联网系统中的设备、系统和应用进行监控、配置、管理和优化。管理网络确保了工业互联网的高效、可靠和安全运行，是实现工业自动化和智能化的关键技术之一。

工业互联网网络层次架构通常分为三个层次：感知层、网络层和应用层。管理网络位于网络层，与感知层和应用层紧密相连，为工业互联网提供全面的网络管理功能，其方案如图 1-6 所示。

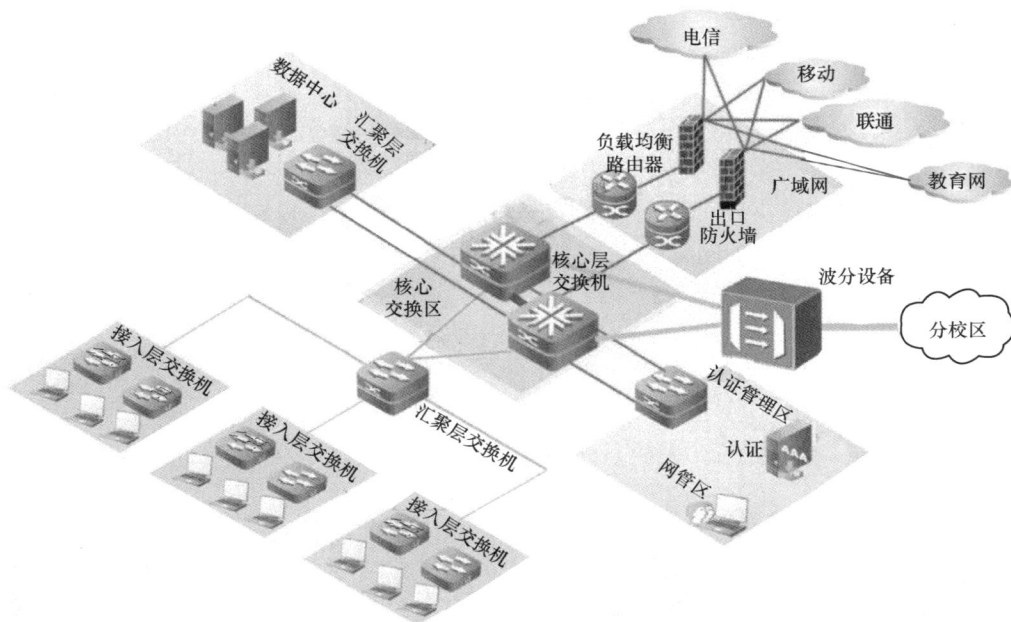

图 1-6 管理网络方案

（1）功能与作用

设备管理：管理网络负责对工业互联网中的各种设备进行识别、配置、监控和维护，其中包括设备的注册、状态监控、故障诊断和远程控制等。

网络管理：管理网络负责对工业互联网中的网络资源进行管理，其中包括网络拓扑、带宽分配、流量控制和网络安全等。

应用管理：管理网络负责对工业互联网中的应用进行管理，其中包括应用部署、运行状态监控、性能优化和故障处理等。

数据管理：管理网络负责对工业互联网中的数据进行管理，其中包括数据采集、存储、处理和分析等。

（2）技术组成

网络管理协议：管理网络使用各种网络管理协议，如简单网络管理协议（SNMP, simple network management protocol）、远程监视（RMON, remote monitoring）和网络配置协议（NETCONF, network configuration）等，以实现对网络设备和应用的管理。

网络管理平台：管理网络通常包括一个或多个网络管理平台，这些平台提供统一的管理界面和功能，以便于用户对整个工业互联网系统进行管理。

网络管理工具：管理网络包括各种网络管理工具，如网络监控、故障诊断、性能分析和安全审计等，以帮助用户更好地管理和优化工业互联网系统。

（3）安全性

管理网络需要确保工业互联网系统的安全，包括设备安全、网络安全和数据安全。为此，管理网络需要采取各种安全措施，如身份验证、授权、加密和防火墙等，以防止未授权访问和数据泄露。

（4）可扩展性与灵活性

管理网络需要具备良好的可扩展性和灵活性，以便于适应不断变化的工业互联网环境。为此，管理网络需要支持各种网络设备和应用，并能够轻松地进行扩展和升级。

总之，管理网络是实现工业互联网高效、可靠和安全运行的关键技术之一。通过提供全面的网络管理功能，管理网络确保了工业互联网网络的稳定运行，为工业自动化和智能化提供了坚实的基础。

1.4 实验过程

TCP 是在计算机网络中使用最广泛的协议，很多应用服务，如 FTP、HTTP、SMTP 等在传输层都采用了 TCP，因此，如果在实验环境下抓取 TCP 数据包，则可以在抓取相应的网络服务的数据包后，分析 TCP 中的数据包，深入理解协议封装，协议控制过程以及数据承载过程。TCP/IP 报文格式如图 1-7 所示。

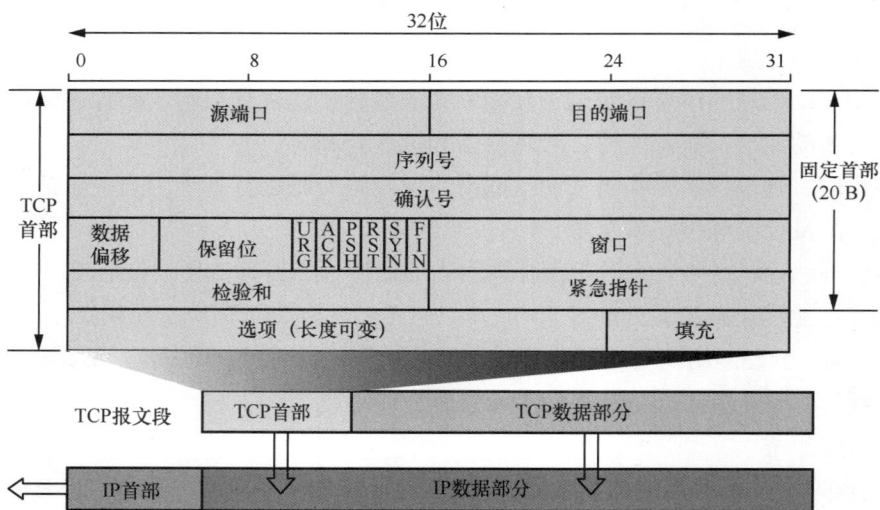

图 1-7　TCP/IP 报文格式

操作步骤如下。

首先，确定使用的协议，这里选择新浪网站作为目标地址（请选择未设置不允许抓包规则的网站）。

然后，启动抓包。单击 start 开始抓包，在浏览器地址栏中输入新浪网址，进入新浪首页，如图 1-8 所示。

图 1-8　开始抓包

最后，通过过滤器得到相关数据包。为了分析通过抓包获得的数据包，我们在过滤器中添加本机 IP 地址和 TCP 过滤条件，具体步骤如下。

步骤 1：打开命令提示符，通过 ipconfig /all 命令查看本机 IP 地址，如图 1-9 所示。

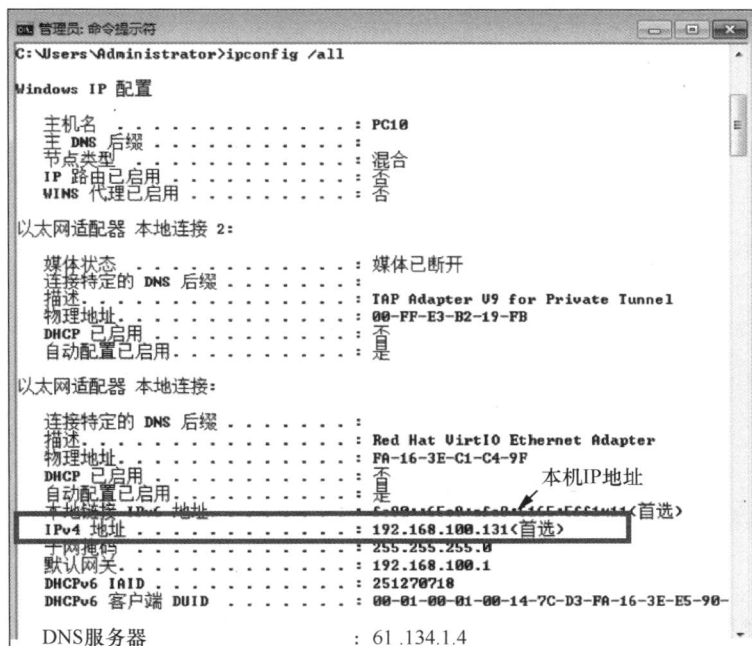

图 1-9　查看本机 IP 地址

步骤 2：在工具栏上的"Filter"对话框中填入过滤条件：tcp and ip.addr==196.168.100.131，得到的过滤结果如图 1-10 所示。

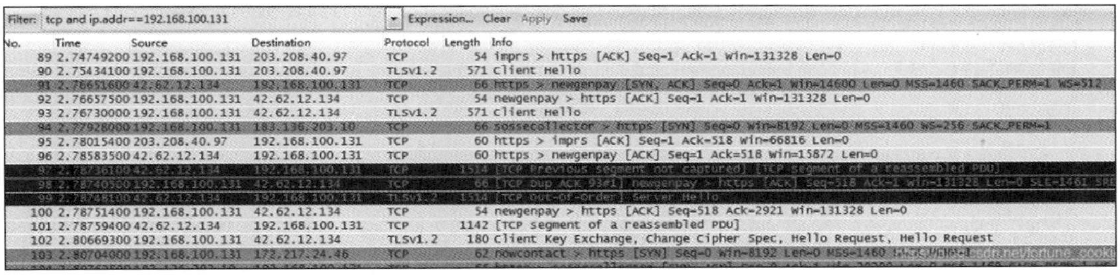

图 1-10　过滤结果 1

可以发现，过滤效果不是很好，于是将过滤条件中的 IP 地址更换为新浪网址的 IP 地址，具体步骤如下。

步骤 1：打开命令提示符，通过 Ping 新浪网址查看目标 IP 地址，如图 1-11 所示。

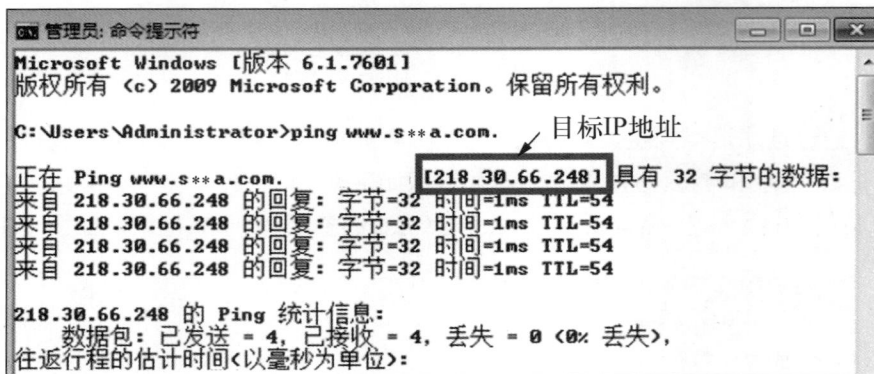

图 1-11　查看目标 IP 地址

步骤 2：在工具栏上的"Filter"对话框中填入过滤条件：tcp and ip.addr==218.30.66.248，得到的过滤结果如图 1-12 所示。

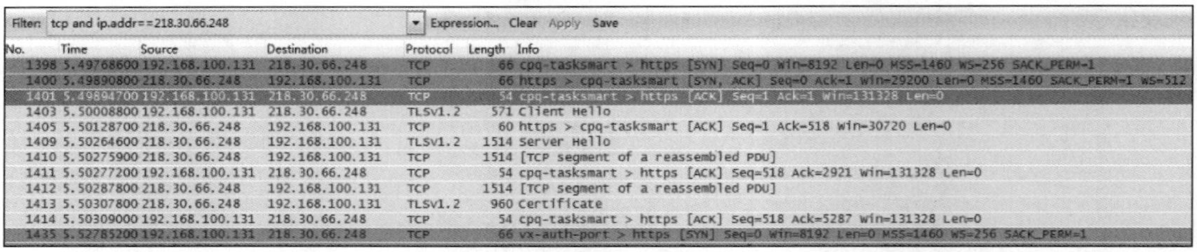

图 1-12　过滤结果 2

步骤 3：分析 TCP 数据包。根据图 1-7 所示报文格式，下面分析 TCP 数据包的各部分。

报文中的源端口/目的端口如图 1-13 所示。可以看出，源端口为 443，标识了发送进程；目的端口为 3201，标识了接收端进程。

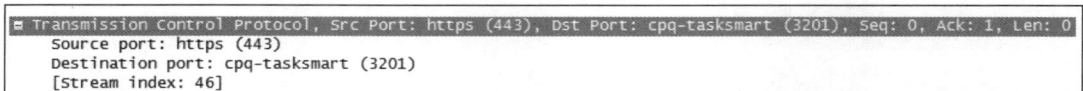

图 1-13　源端口/目的端口

- 序列号（Sequence number）为 0，标识从源端向目的端发送的数据字节流。它表示这个报文中第一个数据字节的顺序号，其值为 32 bit 的无符号类型，取值范围为 0～232。序列号如图 1-14 所示。

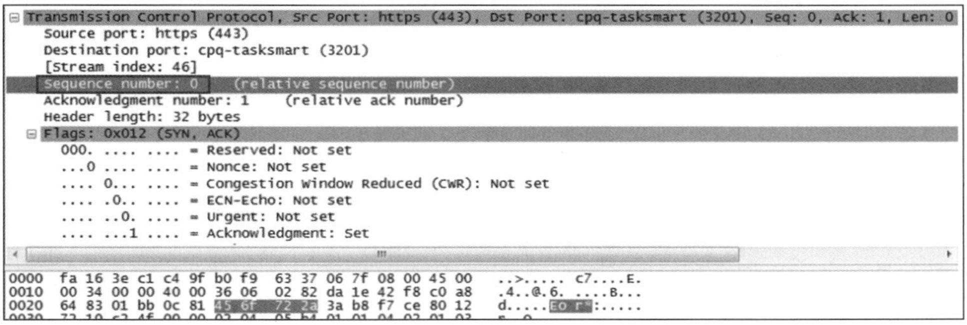

图 1-14　序列号

- 确认号（Acknowledgment number）为 1，包含发送确认一端所期望收到的下一个序列号，因此，确认号的值上次成功接收到数据包的序列号加 1。只有 Ack 标志为 1，确认号字段才有效。TCP 为应用层提供全双工服务，这意味着数据能在两个方向上独立进行传输，因此连接的两端必须保证每个方向上传输的数据包的顺序。确认号如图 1-15 所示。

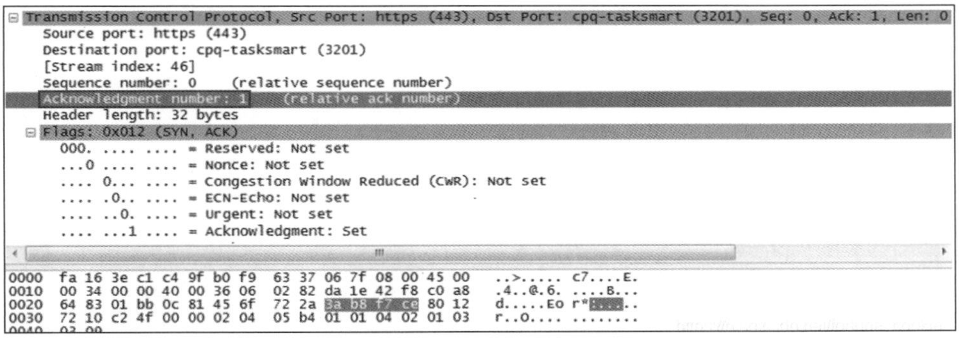

图 1-15　确认号

- 数据偏移，这里的偏移实际指的是 TCP 首部中的 Header length，这里它的值为 32 B。通过该字段，目的端可以知道一个 TCP 首部的用户数据从哪里开始。数据偏移如图 1-16 所示。

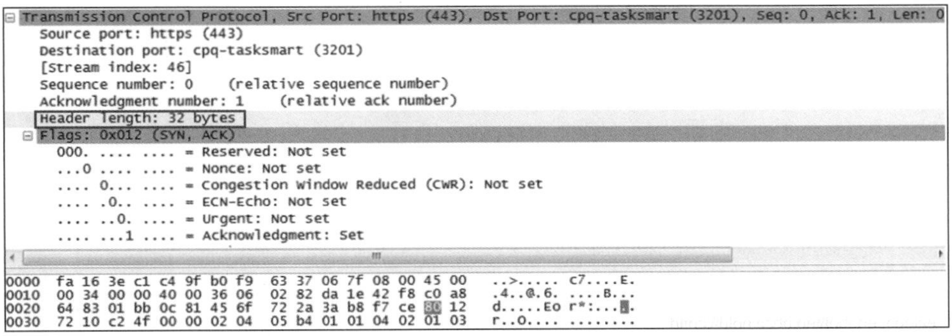

图 1-16　数据偏移

- 保留位（Reserved）如图 1-17 所示。可以看出，它的值为 Not set，即未设置。

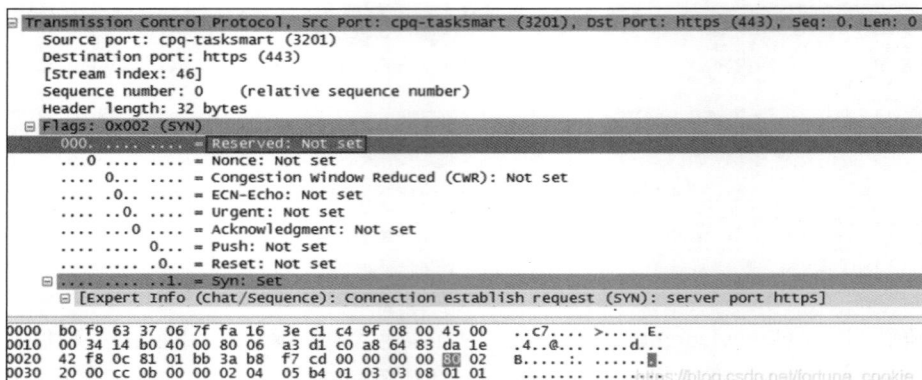

图 1-17　保留位

- 图 1-18 展示了 TCP 首部标志比特的值。

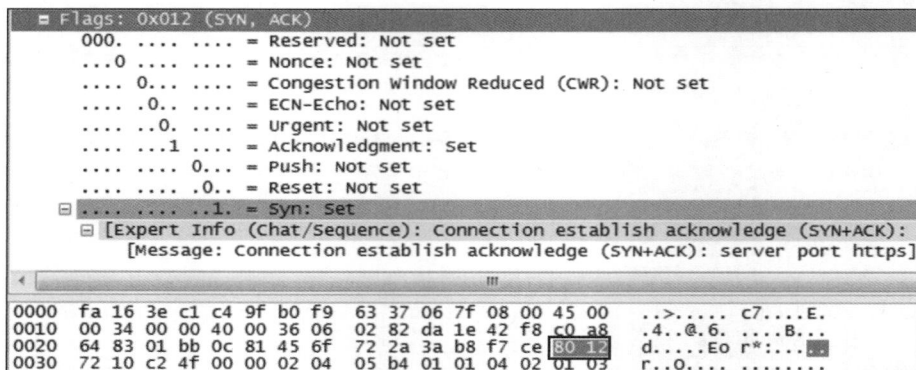

图 1-18　TCP 中的标志比特

① URG（Urgent）：紧急指针标志，用于保证 TCP 连接不被中断，并且督促中间设备尽快处理这些数据，图 1-18 中其值为 0。

② ACK（Acknowledgement）：确认号字段，该字段值为 1 时表示应答字段有效，即 TCP 应答号将包含在 TCP 报文中，图 1-18 中其值为 1。

③ PSH（Push）：推送功能，所谓推送功能指的是接收端在接收到数据后立即推送给应用程序，而不是在缓冲区中排队，图 1-18 中其值为 0。

④ RST（Reset）：重置连接，不过一般表示断开一个连接，图 1-19 中其值为 0。

⑤ SYN（Syn）：同步序列号，用来发起一个连接请求，图 1-18 中其值为 1。

⑥ FIN（no more data from sender）：表示发送端发送任务已经完成（即断开连接），图 1-18 中其值为 80 12（矩形标注）。

- 窗口（window size value），图 1-19 中该字段值为 29200，表示源端最大能接收 29200 B 的数据。

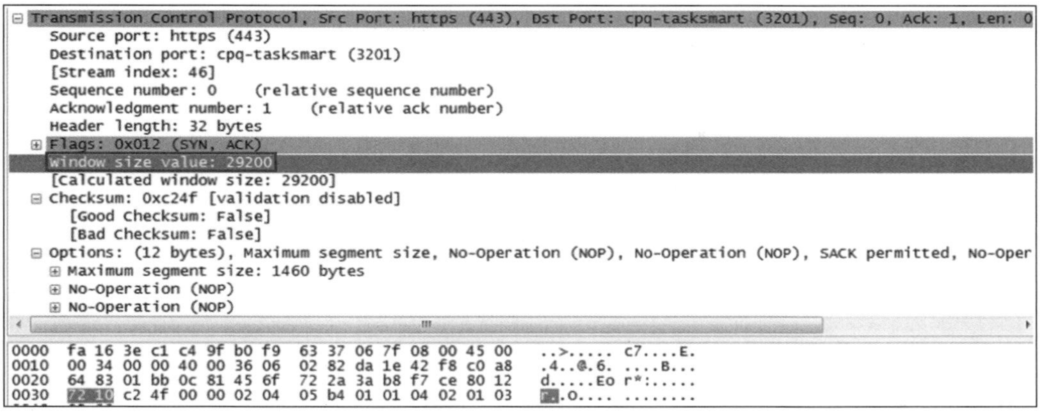

图 1-19　窗口

- 校验和（Checksum），其值为 0xc24f，包含 TCP 首部和 TCP 数据段。这是一个强制性的字段，一般由源端进行计算和存储，由目的端进行验证。目的端的验证如图 1-20 所示。

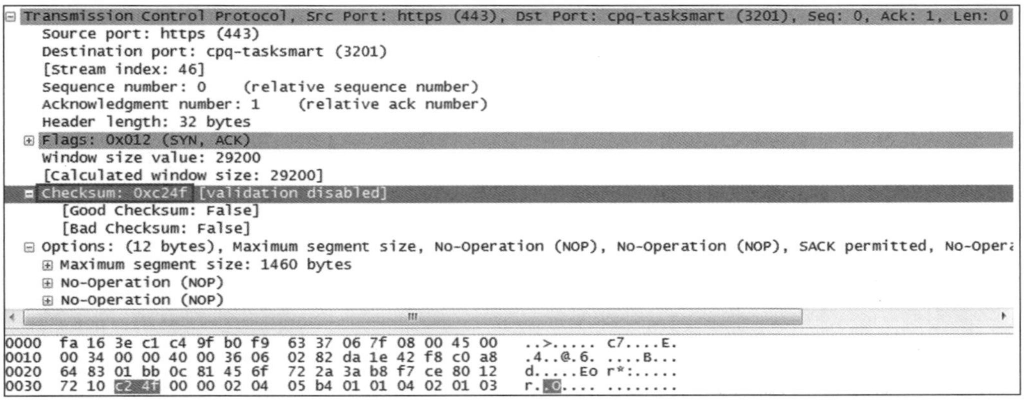

图 1-20　目的端的验证

Urgent（URG）的有效标志为 1，只有当 URG 标志置为 1 时该字段才有效。紧急指针是一个正的偏移量，和序列号字段中的值相加表示紧急数据最后一个字节的序列号。TCP 的紧急方式是发送端向另一端发送紧急数据的一种方式，如图 1-21 所示。

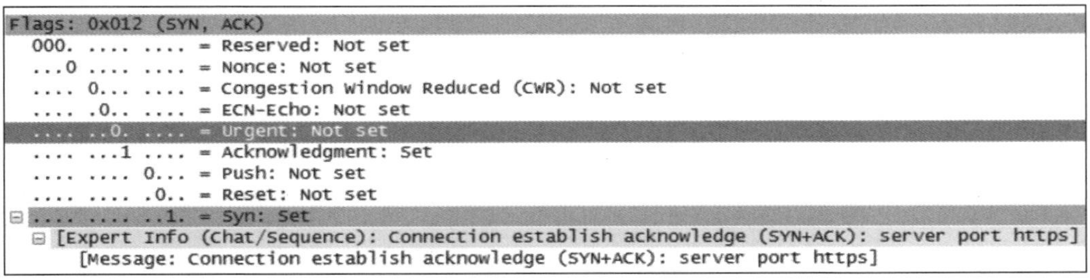

图 1-21　TCP 的紧急方式

- 选项（Kind）标识哪个选项有效。Kind=0 时表示结束；Kind=1 时表示无操作；Kind=2 时表示最大报文段长度；Kind=3 时表示窗口扩大因子；Kind=8 时表示时间戳。在图 1-22 中，Kind 值为 2，表示最大报文长度 MSS size。

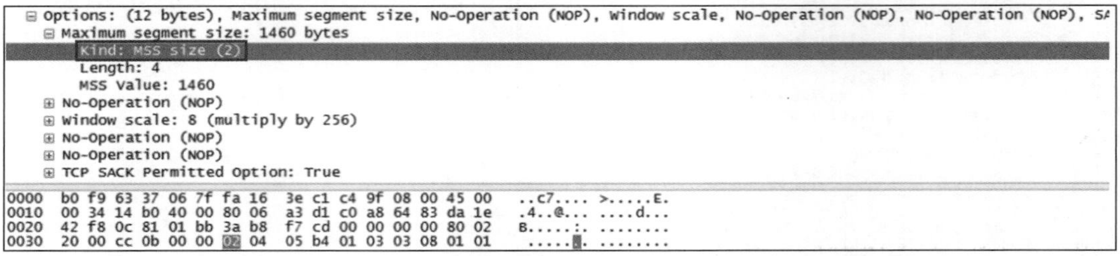

```
⊟ Options: (12 bytes), Maximum segment size, No-Operation (NOP), Window scale, No-Operation (NOP), No-Operation (NOP), SA
  ⊟ Maximum segment size: 1460 bytes
      Kind: MSS size (2)
      Length: 4
      MSS Value: 1460
  ⊞ No-Operation (NOP)
  ⊞ Window scale: 8 (multiply by 256)
  ⊞ No-Operation (NOP)
  ⊞ No-Operation (NOP)
  ⊞ TCP SACK Permitted Option: True
0000  b0 f9 63 37 06 7f fa 16  3e c1 c4 9f 08 00 45 00   ..c7.... >.....E.
0010  00 34 14 b0 40 00 80 06  a3 d1 c0 a8 64 83 da 1e   .4..@... ....d...
0020  42 f8 0c 81 01 bb 3a b8  f7 cd 00 00 00 00 80 02   B.....:. ........
0030  20 00 cc 0b 00 00 02 04  05 b4 01 03 03 08 01 01    .......  ........
```

图 1-22　报文长度

- 数据部分。当前数据包的数据部分如图 1-23 所示。

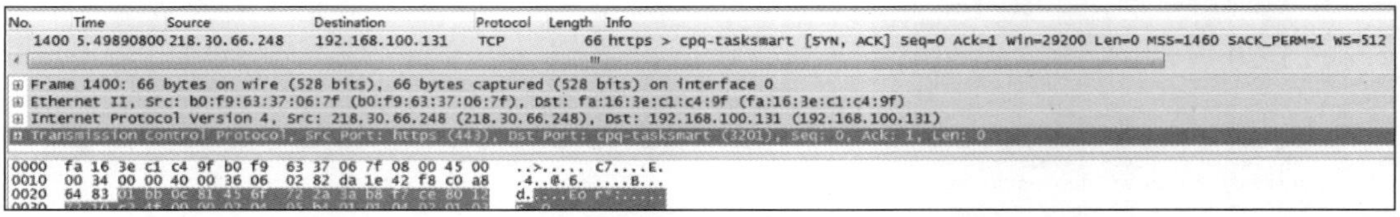

```
No.      Time        Source          Destination      Protocol  Length  Info
1400 5.49890800 218.30.66.248   192.168.100.131    TCP       66  https > cpq-tasksmart [SYN, ACK] Seq=0 Ack=1 win=29200 Len=0 MSS=1460 SACK_PERM=1 WS=512
⊞ Frame 1400: 66 bytes on wire (528 bits), 66 bytes captured (528 bits) on interface 0
⊞ Ethernet II, Src: b0:f9:63:37:06:7f (b0:f9:63:37:06:7f), Dst: fa:16:3e:c1:c4:9f (fa:16:3e:c1:c4:9f)
⊞ Internet Protocol Version 4, Src: 218.30.66.248 (218.30.66.248), Dst: 192.168.100.131 (192.168.100.131)
⊞ Transmission Control Protocol, Src Port: https (443), Dst Port: cpq-tasksmart (3201), Seq: 0, Ack: 1, Len: 0
0000  fa 16 3e c1 c4 9f b0 f9  63 37 06 7f 08 00 45 00   ..>..... c7....E.
0010  00 34 00 c1 40 00 36 06  02 82 da 1e 42 f8 c0 a8   .4..@.6. ....B...
0020  64 83 01 bb 0c 81 45 6f  72 2a 3a b8 f7 ce 80 12   d.....Eo r*:.....
```

图 1-23　当前数据包的数据部分

下面通过抓取的数据查看 TCP 三次握手过程。第一次握手时，客户端发送一个 TCP 数据包，其标志位为 SYN，序列号为 0，这表示客户端请求建立连接，如图 1-24 所示。

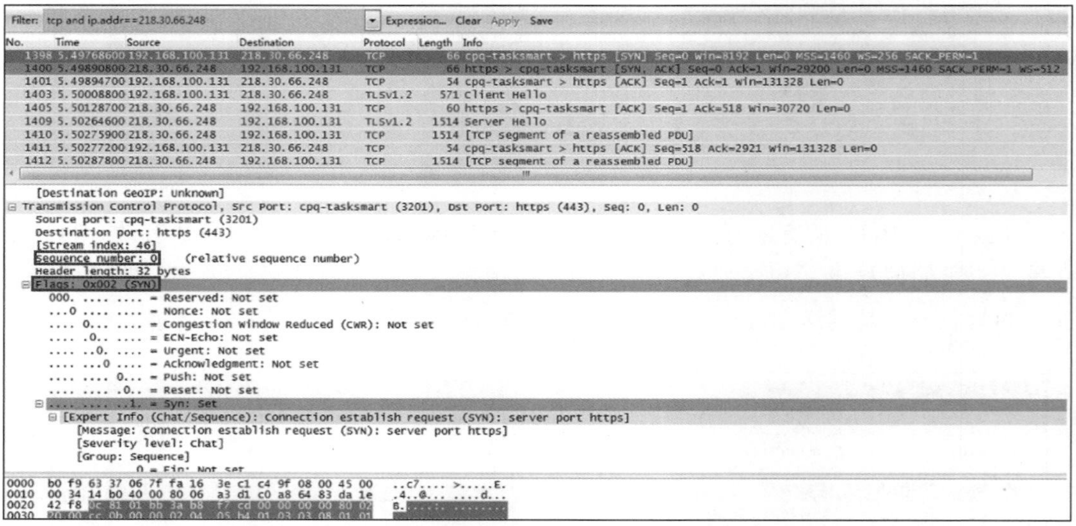

```
Filter: tcp and ip.addr==218.30.66.248                  ▼ Expression... Clear Apply Save
No.      Time        Source          Destination      Protocol  Length  Info
1398 5.49768600 192.168.100.131 218.30.66.248     TCP       66  cpq-tasksmart > https [SYN] Seq=0 win=8192 Len=0 MSS=1460 WS=256 SACK_PERM=1
1400 5.49890800 192.168.100.131 218.30.66.248     TCP       66  https > cpq-tasksmart [SYN, ACK] Seq=0 Ack=1 win=29200 Len=0 MSS=1460 SACK_PERM=1 WS=512
1401 5.49894700 192.168.100.131 218.30.66.248     TCP       54  cpq-tasksmart > https [ACK] Seq=1 Ack=1 win=131328 Len=0
1403 5.50008800 192.168.100.131 218.30.66.248     TLSv1.2   571  client Hello
1405 5.50128700 218.30.66.248   192.168.100.131   TCP       60  https > cpq-tasksmart [ACK] Seq=1 Ack=518 win=30720 Len=0
1409 5.50264600 218.30.66.248   192.168.100.131   TLSv1.2  1514  Server Hello
1410 5.50275900 218.30.66.248   192.168.100.131   TCP      1514  [TCP segment of a reassembled PDU]
1411 5.50277200 192.168.100.131 218.30.66.248     TCP       54  cpq-tasksmart > https [ACK] Seq=518 Ack=2921 win=131328 Len=0
1412 5.50287800 218.30.66.248   192.168.100.131   TCP      1514  [TCP segment of a reassembled PDU]

  [Destination GeoIP: unknown]
⊟ Transmission Control Protocol, Src Port: cpq-tasksmart (3201), Dst Port: https (443), Seq: 0, Len: 0
    Source port: cpq-tasksmart (3201)
    Destination port: https (443)
    [Stream index: 46]
    Sequence number: 0     (relative sequence number)
    Header length: 32 bytes
  ⊟ Flags: 0x002 (SYN)
      000. .... .... = Reserved: Not set
      ...0 .... .... = Nonce: Not set
      .... 0... .... = Congestion Window Reduced (CWR): Not set
      .... .0.. .... = ECN-Echo: Not set
      .... ..0. .... = Urgent: Not set
      .... ...0 .... = Acknowledgment: Not set
      .... .... 0... = Push: Not set
      .... .... .0.. = Reset: Not set
      .... .... ..1. = Syn: Set
      ⊟ [Expert Info (Chat/Sequence): Connection establish request (SYN): server port https]
          [Message: Connection establish request (SYN): server port https]
          [Severity level: chat]
          [Group: Sequence]
      .... .... ...0 = Fin: Not set
0000  b0 f9 63 37 06 7f fa 16  3e c1 c4 9f 08 00 45 00   ..c7.... >.....E.
0010  00 34 14 b0 40 00 80 06  a3 d1 c0 a8 64 83 da 1e   .4..@... ....d...
0020  42 f8 ...
0030  ...
```

图 1-24　第一次握手的 TCP 数据包

第二次握手时，服务器返回确认数据包，其标志位为 SYN 和 ACK，确认号（Acknowledgement number）为 1，如图 1-25 所示。

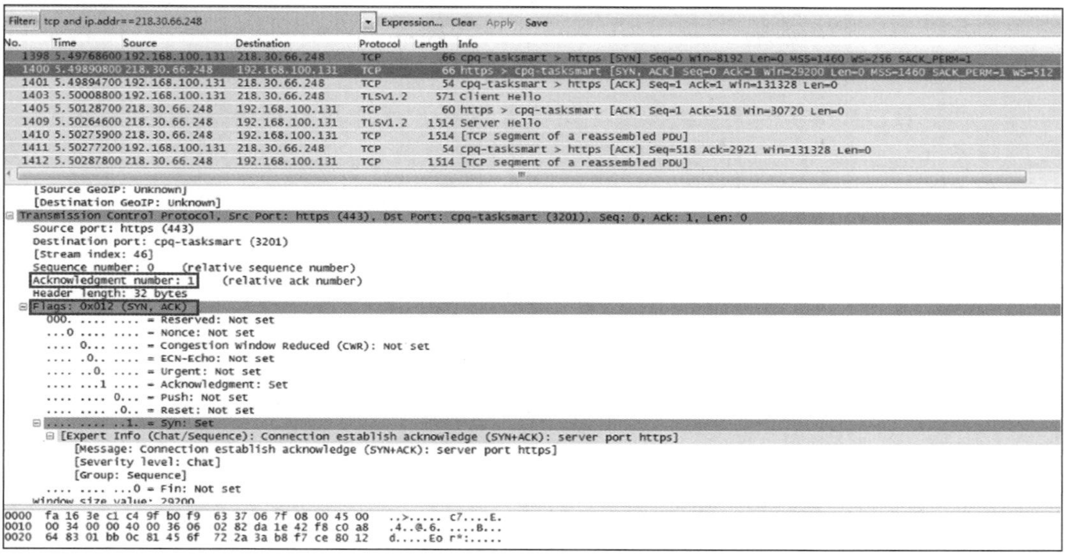

图 1-25　第二次握手的 TCP 数据包

第三次握手时，客户端再次发送确认数据包，其标志位为 ACK，值为 1，序列号（Sequence number）的值为 1，如图 1-26 所示。至此，客户端和服务器建立了连接。

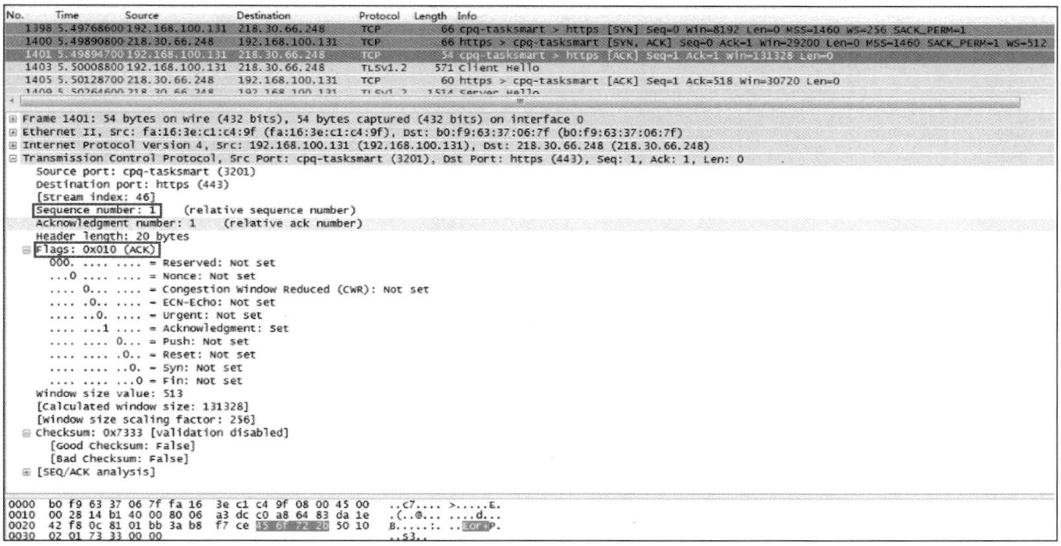

图 1-26　第三次握手的 TCP 数据包

1.5　习题

1. 对于 Wireshark 捕获的数据包，如何确定它的协议类型？请简要描述具体步骤。

2. 分析 TCP 的三次握手过程：在 Wireshark 中捕获一个 TCP 连接的三次握手过程，请描述识别过程中的每个步骤。

3. 对于 HTTP 请求和响应数据包，如何在 Wireshark 中进行捕获和分析？

4. 在 Wireshark 中，如何查看和分析 TCP 数据包的序列号和确认号？

5. 如何在 Wireshark 中识别 ARP 请求和 ARP 响应数据包？

6. 在 Wireshark 中，如何检查数据包的丢失和重传？

项目二　工业物联网网络基础

2.1　项目要求

1. 掌握物联网的概念、物感知层技术及通信传输层技术。
2. 能够实现对物品、设备和数据等实体进行编码注册。
3. 能够实现对标识编码进行解析，并查询和管理物品信息。

2.2　学习目标

1. 了解工业物联网的概念。
2. 了解物联网与工业互联网的关系。
3. 掌握物联网物的感知层技术。
4. 掌握物联网的通信传输层技术。
5. 掌握物联网的应用服务技术。

2.3　相关知识

2.3.1　物联网概述

物联网现在还没有一个公认的定义。从普遍意义上来说，物联网是一个基于互联网、传统电信网等信息承载体，让所有能够被独立寻址的普通物理对象实现互联互通的网络。也就是说，在物联网世界，每一个物体均可寻址，每一个物体均可通信，每一个物体均可控制。普遍认为物联网是继计算机、互联网和移动通信后引领信息产业革命的一次浪潮。

1. 物联网定义

物联网（IoT，Internet of things），即"万物相连的互联网"，是在互联网基础上延伸和扩展的网络，将各种信息传感设备与互联网结合起来而形成的一个巨大网络，实现在任何时间、任何地点，人、机、物的互联互通。

ITU 对物联网做了如下定义：通过二维码识读设备、射频识别（RFID，radio frequency identification）装置、红外感应器、激光扫描器等，按约定的协议把任何物品与互联网相连接，进行信息交换和通信，以实现智能化识别、定位、跟踪、监控和管理，这种网络称为物联网。

相对于已有的各种通信和服务网络，物联网在技术和应用层面具有以下特点。

（1）感知识别普适化。作为物联网的末梢，自动识别和传感网技术近些年来发展迅猛，应用广泛。仔细观察就会发现，人们的衣食住行都能折射出感知识别技术的发展。无所不在的感知与识别将物理世界信息化，实现了物理世界和信息世界的高度融合。

（2）异构设备互联化。尽管硬件和软件平台千差万别，各种异构设备（不同型号和类别的 RFID 标签、传感器、手机和笔记本计算机等）利用无线通信模块和标准通信协议，构建成自组织网络。在此基础上，运行不同协议的异构网络之间通过"网关"互联互通，实现网际间的信息共享及融合。

（3）联网终端规模化。物联网时代的一个重要特征是"物品触网"，每一件物品均具有通信功能，可成为网络终端。联网终端的规模终将突破百亿大关。

（4）管理调控智能化。物联网将大规模的数据高效、可靠地组织起来，为上层行业应用提供智能的支撑平台。数据存储、组织以及检索成为行业应用重要的基础设施。与此同时，各种决策手段，包括运筹学理论、机器学习、数据挖掘和专家系统等广泛应用于各行各业。

（5）应用服务链条化。链条化是物联网应用的重要特点。以工业生产为例，物联网技术覆盖从原材料引进、生产调度、节能减排、仓储物流，到产品销售、售后服务等各个环节，成为提高企业整体信息化程度的有效途径。更进一步，物联网技术在一个行业的应用也将带动相关上、下游产业，最终服务于整个产业链。

（6）经济发展跨越化。目前，越来越多的人认识到转变发展方式、调整经济结构的重要性。国民经济必须从劳动密集型向知识密集型转变，从资源浪费型向环境友好型转变。在这样的大背景下，物联网技术有望成为引领经济跨越化发展的重要动力。

物联网架构可分为 4 层：感知层、网络层、平台层和应用层。物联网的组成模块如图 2-1 所示。

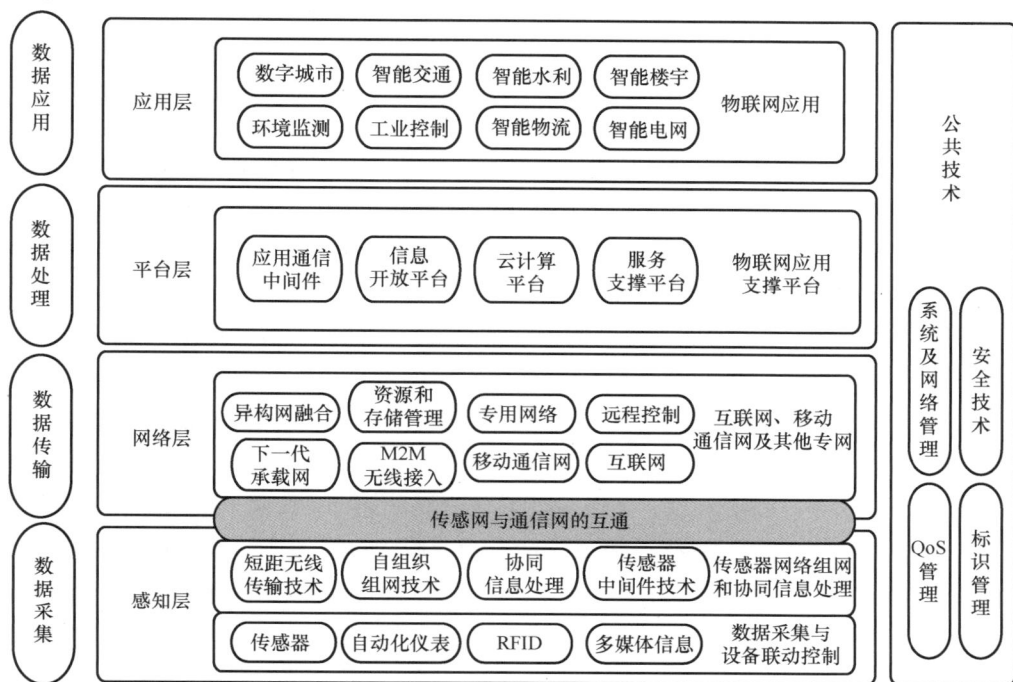

M2M: machine to machine, 设备到设备。

图 2-1　物联网的组成模块

2. 工业物联网与工业互联网的关系

工业物联网和工业互联网虽然都与工业领域的数字化和智能化相关，但它们有着不同的侧重点和技术架构。

工业物联网侧重于在工业领域应用的物联网技术，强调物与物的连接。它通过在工业设备上装置传感器，连接到无线网络以收集和共享数据，实现实时监测、远程控制和优化生产过程。工业物联网涵盖了传感器技术、射频识别标签、传感网、嵌入式系统、云计算、边缘计算等关键技术，旨在提高生产效率、降低生产成本，并优化运营。

工业互联网则更广泛地描述了利用互联网技术和大数据技术来实现智能化、自动化和优化的过程。它不仅连接设备，还连接了人、信息系统和上/下游企业等各个工业活动的主体，通过数字化、网络化和智能化发展，构建起覆盖全产业链、全价值链的全新制造和服务体系。工业物联网强调对数据的深度分析和挖掘，以提供更加智能化和优化的决策支持，包括预测性维护、生产优化和资源利用。

总之，工业物联网是工业互联网的组成部分，而工业互联网是一个更广泛的概念，涵盖了工业物联网并进一步延伸到企业的信息系统、业务流程和人员。它们二者相辅相成，共同推动了工业领域的数字化转型和智能化发展。

2.3.2　物感知层技术

物感知层技术通过嵌入式软硬件结合的方式，让传统设备拥有智能化的功能，具备对信息的获取、控制、无线传输等能力。传感技术是一种从自然信源中获取信息，并对之进行处理、变换和识别的一门多学科交叉的现代科学与工程技术。

标识解析载体分为主动标识载体和被动标识载体。

主动标识载体：一般嵌入设备内部，承载标识编码、必要安全证书、算法和密钥，具备联网通信功能，主动向标识解析服务节点或标识数据应用平台等发起连接，无须借助标识读写设备来触发。主动标识载体的特征包括以下方面。

① 嵌入设备内部，不易被盗取或者错误安装。

② 具备网络连接能力，能主动向标识解析服务器发起标识解析请求，支持被其承载的标识及相关信息的远程增删改查。

③ 具有安全区域存储必要的证书、算法和密钥，能够提供标识符及其相关数据的加密传输，能够支持接入认证等可信相关功能。

被动标识载体：一般指附着在工业设备或者产品的表面，以便于读卡器读取的载体。在工业互联网中，被动标识载体一般只承载工业互联网标识编码，缺乏远程网络连接能力——以 RFID、NFC 为代表的被动标识载体，只具备短距离网络连接能力，需要依赖标识读写器才能向标识解析服务器发起标识解析请求。常见的被动标识载体有一维条形码、二维码、RFID、NFC 等。

1. RFID

RFID 是一种通信技术，可通过无线电信号识别特定目标并读/写相关数据，而无须识别系统与特定目标之间建立机械或光学接触。RFID 技术适用于短距离识别通信，常见的 RFID 设备如图 2-2 所示。

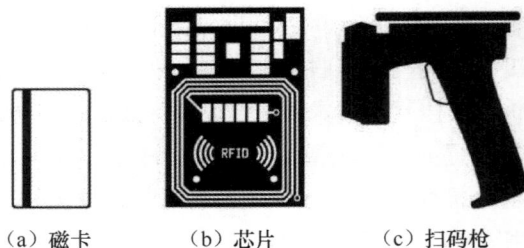

（a）磁卡　　　　（b）芯片　　　　（c）扫码枪

图 2-2　RFID 设备

RFID 技术的应用离不开 3 种设备：电子标签、读写器和天线。

电子标签：由耦合元件及芯片组成。每个电子标签都具有唯一的电子编码，附着在物体上以进行标识，其芯片在制作时存储在 ROM 中，无法修改。电子标签对物联网的发展有着很重要的影响。

读写器：读取或写入信息的设备，可设计为手持式或固定式等多种形式。一般情况下，读写器会将收集到的数据或信息传送到后台系统，由后台系统进行处理。

天线：用于在标签和阅读器之间传送射频信号。天线是联系读写器和电子标签的桥梁，其耦合方式有两种：一种是电感耦合方式，适用于低频段射频识别系统；另一种是反向散射耦合模式，适用于超高频段的射频识别系统应用。天线是 RFID 系统中一个非常重要的组成部分。

2. 传感器

对于工业互联网而言，传感器是获取数据的重要设备。传感器是一种检测装置，能采集被测量的信息，并将信息按一定规律变换成为电信号或其他形式进行输出，以满足信息的传输、处理、存储、显示、记录、控制等要求。《传感器通用术语》（GB/T 7665—2005）中对传感器的定义是：能感受被测量并按照一定的规律转换成可用输出信号的器件或装置，通常由敏感元件和转换元件组成。

传感器具有体积小、重量轻、功耗低、可靠性好、稳定性高和易于集成等特点，其基本工作原理如图 2-3 所示。

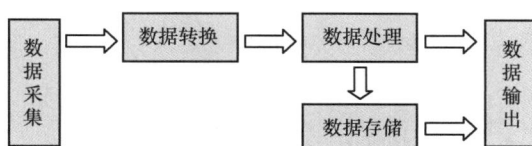

```
┌──────┐    ┌────────┐    ┌────────┐    ┌──────┐
│ 数据 │ ⇒  │ 数据转换 │ ⇒ │ 数据处理 │ ⇒ │ 数据 │
│ 采集 │    └────────┘    └────────┘    │ 输出 │
│      │                      ⇓          │      │
└──────┘                 ┌────────┐      └──────┘
                         │ 数据存储 │ ⇒
                         └────────┘
```

图 2-3 传感器工作原理

传感器是实时数据采集和监测的重要组件，对于实现智能化、自动化和数据驱动的工业生产具有至关重要的作用。例如，在生成车间中，传感器可用于实时监测车间和仓库的环境、生产线的生产状态、设备的运行数据等，使管理人员可以实时掌握生产数据和设备状态，减少车间走访巡查的工作量，提高管理效率。

高性能传感器应具有以下特点。

- 灵敏度高：能够精确感知微小的物理量变化。
- 实时性要求高：可快速响应和输出数据，能保证实时监测和控制。
- 可靠性要求高：可在恶劣的工作环境下长时间稳定工作。
- 多样性：种类丰富，可适用于不同的应用场景。

根据不同的工作原理，传感器可以分为电容式、电感式、霍尔效应式等类型。根据不同的形态，传感器可以分为：线性传感器、角度传感器、加速度传感器、振动传感器等类型。下面介绍几种常见的传感器。

温度传感器：可以实时监测工业设备的温度变化，帮助预测设备故障，并确保设备在安全操作的温度范围内工作。

压力传感器：可以监测管道、容器或设备中的压力变化，及时发现压力异常情况，以确保设备的正常运行和安全性。

湿度传感器：可用于监测和控制工业环境中的湿度水平，例如在食品加工、仓储等环节中，可以确保产品质量和防止潮湿引发的损害。

照度传感器：可用于自动调节灯光系统，在工业厂房、仓库等场所中实现节能和提高工作环境的舒适度。

加速度传感器：可以监测机械设备的振动和震动情况，帮助预测故障，并进行及时维护，从而提高设备的可靠性和寿命。

气体传感器：可用于检测工业过程中有害气体的浓度，例如在化学工厂中可以监测有毒气体的泄漏，以确保工人的安全。

角位移传感器：可以监测机械设备的角度变化，帮助实现精确的位置控制和运动控制。

这些传感器通过将实时数据传输到云平台或物联网网关，与其他设备和系统相互连接，实现了工业设备的远程监测、智能控制和维护等功能。

3．条码技术

条形码是一种将宽度不等的多个黑条和白条按照一定的编码规则排列，以表达一组信息的图形标识符。其中，黑条称为条，白条称为空，条和空代表二进制数 1 和 0，对其进行编码。条形码可以标识物品的生产地、制造商、名称、生产日期、分类等信息，广泛应用于零售、仓储、运输等领域。条形码示例如图 2-4 所示。

图 2-4　条形码示例

常见的条形码统一商品条码（UPC, universal product code）、欧洲商品条码（EAN, European article number）、国际标准书号（ISBN, intenational standard book number）、ITF 码（也称交叉 25 码）、Code 11 码、Code 39 码、Codebar 码、Code 93 码和 Code 128 码等。下面以 Code 128 码为例，介绍条码的相关内容。Code 128 码的结构如图 2-5 所示。

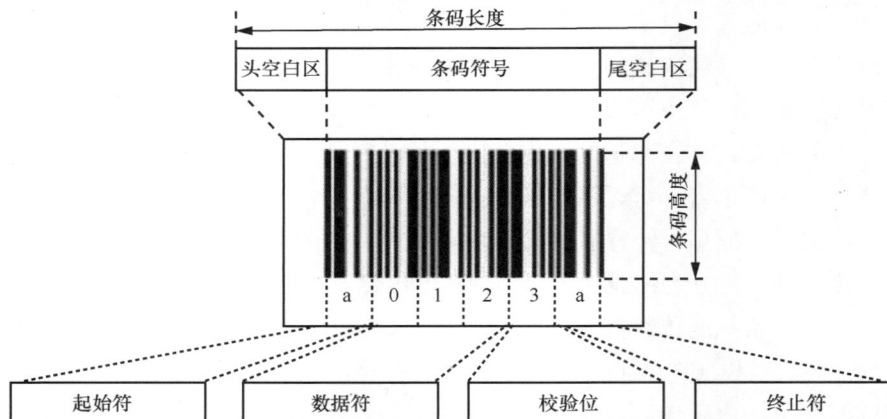

图 2-5　Code 128 码的结构

从图 2-5 中可以看出，条码的组成从左到右依次为头空白区、起始符、数据符、校验位、终止符和尾空白区，其中起始符和终止符用于条码定位，进而确定信息的有效区域。由于条码符号中条和空对光线具有不同的反射率，读写器扫描时会接收到强弱不同的反射光信号，并相应地产生电位高低不同的电脉冲。条码符号中条和空的宽度则决定电脉冲信号的长短。读写器接收到的光信号需要转换成电信号，并通过放大电路进行放大处理。扫描光点具有一定的尺寸或印刷时条码的边缘模糊，使得经过电路放大的电信号是一种平滑的起伏信号，这种信号称为模拟电信号。模拟电信号经整形变成计算机系统能采集的信号，然后根据不同码制对应的编码规则，被译码为数字、字符。条码各组成部分的功能见表 2-1。

表 2-1　条码各组成部分的功能

名称	功能
起始符	一组特定的条码，一般位于完整条码的头部。阅读时，首先扫过起始符，表示该组条码开始读入。起始符可以避免连续阅读时几组条码互相混淆，或由于阅读不当丢失前面的条码
终止符	与起始符作用类似，是条码终止的标志
数据符	紧接起始符，用于表示一定的数据。这是条码的核心，代表所要传递的主要信息
校验位	通过对数据字符进行算术运算，对所译出的条码进行校验，以确认所阅读信息的正确性
头、尾空白区	为了保证条码扫描器的光束到达第一个条纹之前能够达到较稳定的速度，黑白相间条纹的头部与尾部都有一段空白区域

二维码是在一维条码技术的基础上发展而来的，可以从水平与垂直两个维度来存储信息，也是按照 0 和 1 的比特流原理进行设计。二维码已广泛应用于公共安全、交通运输、医疗保健、工业、商业和国防等领域，尤其是支付领域。如图 2-6 所示展示了一个二维码示例，所表示的内容是"信通社区"公众号。

图 2-6　二维码示例

相比于一维条码只能从一个维度承载数据，二维码具有信息容量大、信息密度高、抗损性高、保密防伪性强、抗干扰能力强、译码可靠性高、可传真和影印等特点。常见的二维码包括 PDF 417、QR 码、Data Matrix、Code 49 等，从技术角度分类可以分为行排式二维码和矩阵式二维码两种类型，如图 2-7 所示。

| Code One | Data Matrix | QR 码 | PDF 417 | Code 49 | Code 16k |

（a）矩阵式二维码　　　　　　　　　　　　　　　　（b）行排式二维码

图 2-7　二维码

二维码解码过程如图 2-8 所示。

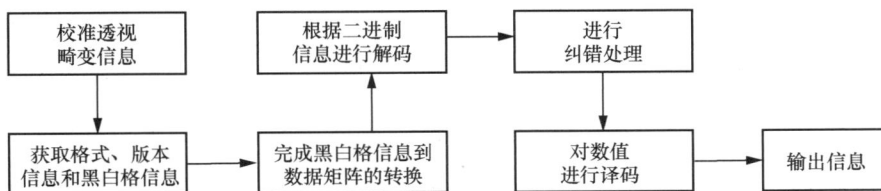

图 2-8　二维码解码过程

4. NFC

NFC 是一种近距离无线通信技术，采用 NFC 技术的设备（如手机）可以在彼此靠近（通常在 10 cm 以内）的情况下进行数据交换。NFC 是由非接触式 RFID 及互联互通技术整合演变而来的，通过在单一芯片上集成感应式读卡器、感应式卡片和点对点通信功能，实现移动支付、电子票务、电子门禁、防伪等应用。

NFC 工作模式分为被动模式和主动模式。在被动模式中，NFC 发起设备（也称为主设备）利用供电设备的能量来提供射频场，并将数据发送给 NFC 目标设备（也称作从设备），其传输速率一般为 106 kbit/s、212 kbit/s 或 424 kbit/s。该模式中的从设备不产生射频场，不需要供电设备而是利用主设备产生的射频场为自身供电，接收主设备发送的数据，并且利用负载调制技术，以相同的速度将从设备数据传回主设备。此工作模式下从设备不产生射频场，而是被动接收主设备产生的射频场，所以被称作被动模式。在此模式下，NFC 主设备可以检测非接触式卡或 NFC 目标设备，与之建立连接。

在主动模式中，主设备和从设备在向对方发送数据时，都必须主动产生射频场，这也是它称为主动模式的原因，它们都需要供电设备提供产生射频场的能量。这种通信模式是对等网络通信的标准模式，可以获得非常高的连接速率。NFC 通信过程如图 2-9 所示。

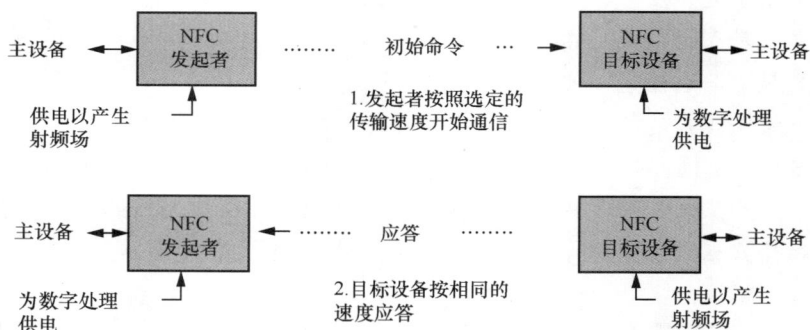

图 2-9　NFC 通信过程

2.3.3　通信传输层技术

物联网中物与物、物与人的无障碍通信，必然离不开可进行大批量数据传输的无线网络。无线传输网络可以采用基于不同无线通信技术标准的解决方案，常用的传输层无线技术有移动通信技术（2G/3G/4G/5G）、Wi-Fi、ZigBee、LoRa、蓝牙等。具体方案的选择需要综合考虑实际需求、产品成本、技术参数以及其他主客观限制条件。选择不同的解决方案也同时决定了建设无线网络所需要的相应终端设备、网络架构、应用层传输管理软件等。

下面我们简单介绍一下常见的传输层无线技术及其特点。

1. 移动通信技术

移动通信技术更新换代很快，不同代际的移动通信技术在朝着传输速率越来越快、质量和安全越来越高、抗干扰能力越来越强、支持设备数量越来越多、成本越来越低的方向进行快速迭代，给人们的日常生活和工业生产带来了革命性的影响。图 2-10 展示了移动通信技术演进。

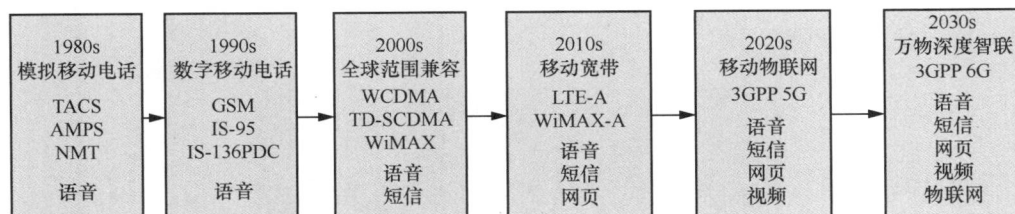

来源：中国电子信息产业研究院前瞻产业研究院

图 2-10　移动通信技术演进

如今，4G 网络在人们的日常生活与工作中已经得到普及应用，而 5G 网络以此为基础提高传输数据的效率，在节省空间和提高网络通信服务安全性上更有优势，是具有高速率、低时延和大连接特点的新一代宽带移动通信技术。5G 的愿景是实现万物互联，不再像前几代移动通信标准那样，主要在传输速率上做提升。5G 关键能力要求如图 2-11 所示。

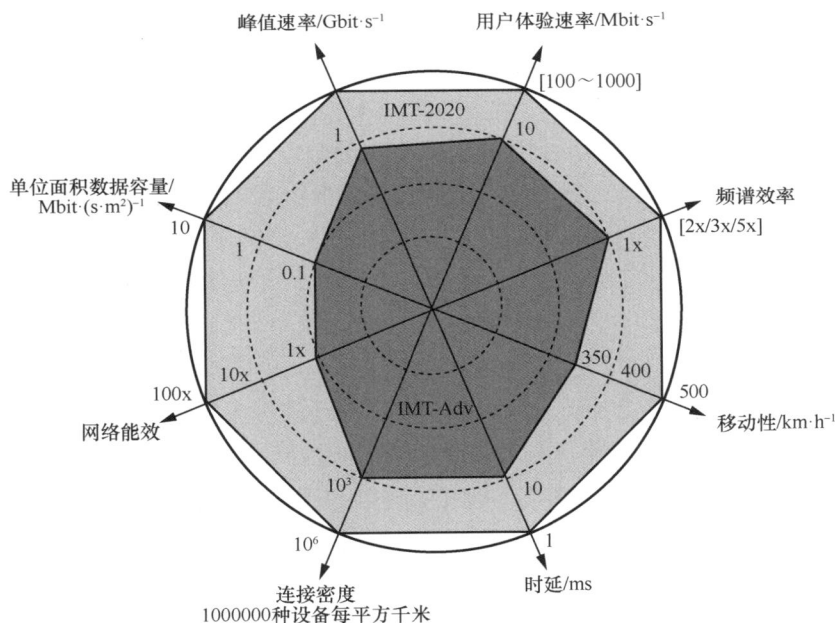

图 2-11　5G 关键能力要求

5G 有三大应用场景：增强移动带宽（eMBB，enhanced mobile broadband）、海量机器类通信（mMTC，massive machine type of communication）、低时延高可靠通信（URLLC，ultra-reliable and low-latency communication），其业务模型如图 2-12 所示。

增强移动带宽：这种应用场景下有大数据流量需求，比如 AR 增强现实、VR 虚拟现实，以及 4K、8K 超高清视频，5G 能够很好地满足这些应用要求。

海量机器类通信：这种应用场景有大量设备的连接需求，不再是现在的手机终端的连接，而是面向更多其他设备的连接，实现人与物的连接以及物与物的连接，也就是物联网。比如，智慧城市、智能建筑等是典型的应用场景。

超可靠低时延通信：这种应用场景适用于一些对时延要求低的行业，比如自动驾驶、工业控制、远程医疗等。

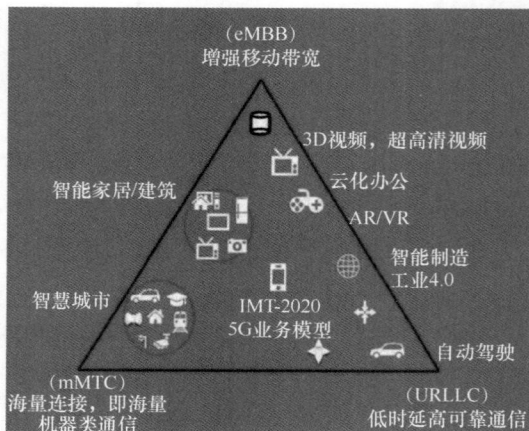

图 2-12　5G 业务模型

5G 网络有以下技术特点。

高速率：5G 网络能够提供更大的带宽和更高的数据传输速度，实现更快的数据传输效率和更高的峰值性能。理论上，5G 网络的传输速度可达 10 Gbit/s，这意味着用户可以更快地下载和上传文件，观看高清视频等，获得更好的网络体验。

低时延：5G 网络的响应速度更快，能够大幅度减少数据传输和处理的时间。5G 网络的时延可以低至 1 ms，而 4G 网络的时延大约在 20 ms。低时延对于实时应用至关重要，如在线游戏、VR/AR、自动驾驶、远程医疗等。

大连接：5G 网络能够支持更多的设备同时在线，实现大规模连接。这一特点为物联网的发展提供了强大支持，使得海量设备能够同时接入网络，实现智能互联。每平方千米可支持上百万个设备，满足智慧城市、智能家居等大规模设备连接的需求。

强安全：5G 网络在安全性能上也有了显著提升。它采用了更先进的安全技术和加密算法，保证了数据传输的安全性和隐私性，这一特点使得 5G 网络在应用于金融、医疗等领域时，能够保障用户信息的安全。

无论是哪一代移动通信技术，其网络架构都包括移动终端、接入网、核心网等部分。

（1）移动终端

移动终端，也叫移动通信终端，是用户直接使用的设备，如智能手机、平板计算机、物联网卡等。它的主要作用体现在以下方面。

- 用户交互：提供用户界面，使用户能够进行通话、上网、娱乐等操作。
- 收/发信号：通过天线接收和发送无线信号，与基站进行通信。
- 数据处理：处理用户输入的信息和从基站接收的信息，为用户提供所需服务。

（2）接入网

接入网主要是基站，是移动通信网络中的关键节点，主要负责无线信号的覆盖和传输。它的作用体现在以下方面。

- 无线覆盖：通过天线发射无线信号，覆盖一定的地理区域，使用户能够在该区域内进行无线通信。
- 信号传输：在移动终端和核心网之间传输信号，实现用户与网络的连接。
- 资源管理：管理无线资源，如频谱，以确保用户能够高效、可靠地进行通信。

（3）核心网

核心网是移动通信网络的中枢部分，负责网络的管理和控制，它的作用体现在几方面。

- 网络管理：负责网络的配置、监控和维护，确保网络的正常运行。
- 用户管理：处理用户的认证、授权和计费信息，保障用户的安全和权益。
- 业务提供：为用户提供各种核心业务，如语音通话、短信、数据服务等。
- 互联互通：与其他网络（如互联网、私有网络等）进行互连，实现不同网络之间的通信和数据交换。

5G 网络的这些特点使 5G 在多个领域有了广阔的应用前景，包括但不限于以下几种。

在线游戏：5G 网络让在线游戏变得更加流畅，无论是操作还是画面，都能达到非常好的效果。

高清视频流：用户可以实时播放高清视频流，享受流畅的观影体验。

远程工作：5G 网络的高效建设和网络优化，使得远程工作变得更加紧密。

智能交通：5G 网络能够实现车辆间以及车辆与基础设施之间的即时通信，从而提高交通安全性和效率。

远程医疗：5G 网络满足远程手术极高的数据传输要求，让偏远地区的患者也能享受到优质医疗服务。

教育：高速稳定的 5G 网络促进 VR 和 AR 技术的应用，创造出更加丰富多元的学习环境。

工业自动化：5G 网络为工业自动化提供了更多可能性，推动制造业的智能化转型。

2. NB-IoT

NB-IoT，narrow band Internet of things，窄带物联网，是一种低功耗广域网络技术标准，用于连接使用无线蜂窝网络的各种智能传感器和设备，是一种被广泛应用的网络技术。

NB-IoT 可以理解为长期演进（LTE，long term evolution）网络的"简化版"。LTE 网络为"人"服务，为手机服务，为消费互联网服务。NB-IoT 网络为"物"服务，为物联网终端服务，为产业互联网服务。

NB-IoT 网络只消耗大约 180 kHz 的带宽，使用 License 频段，可采取带内、保护带或独立载波等 3 种部署方式，与现有网络共存。这种设计使 NB-IoT 可直接部署于全球移动通信系统（GSM，global system for mobile communications）网络、通用移动通信业务（UMTS，universal mobile telecommunications service）网络或 LTE 网络，以降低部署成本，实现平滑升级。

（1）NB-IoT 的优点

低功耗：低功耗特性是物联网应用一项重要指标，特别对于一些不能经常更换电池的设备和场合。为了满足电池达到 10 年寿命的要求，NB-IoT 引入了省电模式（PSM, power saving mode）和扩展不连续接收（eDRX, extended DRX）技术，极大降低了终端功耗，可使设备在生命周期绝大部分时间处于低功耗状态，从而保障电池的使用寿命。

低成本：NB-IoT 终端采用窄带技术，只使用单天线，采用半双工通信方式，因此其射频模块成本低，而且不必要的功能都可以裁剪，从而极大降低了成本。

大连接：在同一基站的情况下，NB-IoT 可支持单小区 5 万级别的用户规模。

覆盖范围大：NB-IoT 不仅可以满足广覆盖需求，对于厂区、地下车库、井盖这类对深度覆盖有要求的应用同样适用。

（2）NB-IoT 缺点

时延大：睡眠模式下的响应时间时间长，无 QoS 能力，无法实时通信。

小数据量：窄带接入（180 kHz），数据量一般不超过 200 B，而且传输带宽小，无法传输图像数据。

低速率：上行数据传输率理论峰值为 15.6 kbit/s，下行数据传输率理论峰值为 21.25 kbit/s。

低频次：大部分终端应长期处于休眠状态，上报数据频次低。

低移动性：NB-IoT 适宜慢速移动传输，物体的移动速度不应超过 30 km/h。

（3）NB-IoT 的网络架构

NB-IoT 网络组成包括 NB-IoT 终端、NB-IoT 基站、NB-IoT 核心网、IoT 连接管理平台和行业应用服务器。NB-IoT 的接入网构架如图 2-13 所示。

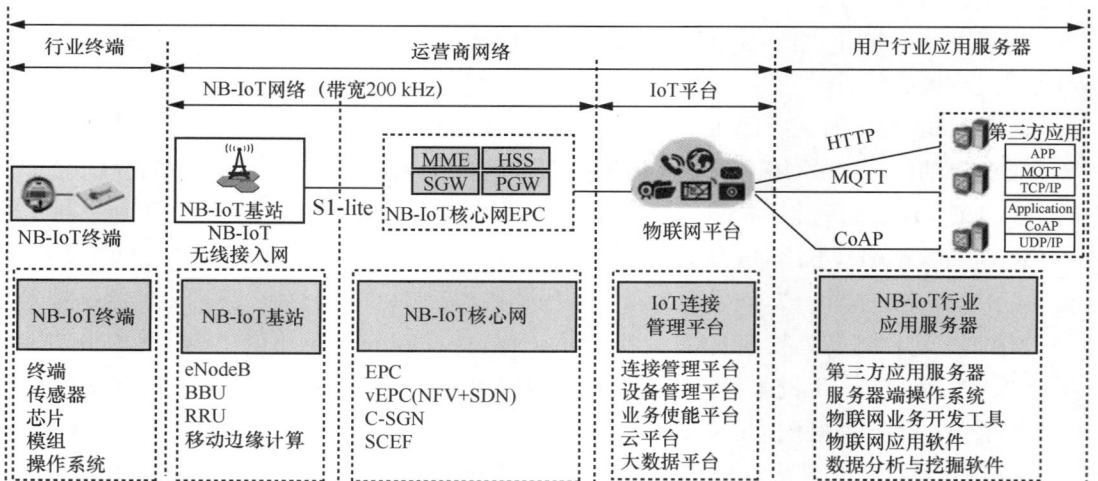

注：图中英文缩写为NB-IoT领域常见术语，读者可自行查阅具体信息。

图 2-13　NB-IoT 的接入网架构

（4）NB-IoT 的主要应用场景

NB-IoT 主要实现采集数据上报传输、网络下发控制指令、短信传输、端到端数据透传，以及基于基站的定位等功能，可满足对低功耗、长待机、深覆盖、大容量有所要求的低速率连接业务，也适合静态及低速业务、对时延不敏感、非连续移动、实时传输数据的应用场景。NB-IoT 应用场景主要可以分为以下几类。

- 自主事件触发业务类：如烟雾报警探测器、设备状态异常等上行数据量极小的应用场景，上报周期多以年、月为单位。
- 自主周期上报业务类：如公共事业的远程抄表、环境监测等上行数据量较小的应用场景，上报周期多以天、小时为单位。
- 远程控制指令业务类：如设备远程开启/关闭、设备触发发送上行报告等下行数据量极小的应用场景，上报周期多以天、小时为单位。
- 软件远程更新业务类：如软件补丁/更新，这类应用的上行、下行数据量需求较大，上报周期多以天、小时为单位。

3. Wi-Fi

Wi-Fi 是基于 IEEE 802.11 标准的无线局域网技术，它使用电磁波进行通信，允许设备不需要通过电缆即可访问互联网或本地网络。IEEE 802.11 系列标准的实现技术相对简单、通信可靠、灵活性高和实现成本相对较低，所以最终成为无线局域网（WLAN，wireless local area network）的主流技术标准。

Wi-Fi 主要使用 2.4 GHz 和 5 GHz 两个频段。2.4 GHz 频段虽然较为拥挤，但具有较好的穿透力，适用于较远距离的通信。5 GHz 频段则拥有更大的带宽和较少的干扰，适合高吞吐量的应用。Wi-Fi 使用的调制技术包括 BPSK、QPSK 和 QAM 等，这些技术通过将数字信号映射为无线电波的幅度、频率或相位来实现数据传输。Wi-Fi 使用的介质访问控制协议是 CSMA/CA。

Wi-Fi 也一直在进行技术标准的演进，其历程如下。

IEEE 802.11b（1999 年）：首次提供了无线局域网的标准，工作在 2.4 GHz 频段，最大传输速率为 11 Mbit/s。

IEEE 802.11g（2003 年）：提升了速度至 54 Mbit/s，兼容 IEEE 802.11b，并引入了更高效的调制技术（OFDM）。

IEEE 802.11n（2009 年）：引入了 MIMO 技术，支持多天线系统，最大传输速率可达 600Mbit/s。

IEEE 802.11ac（2013 年）：工作在 5 GHz 频段，最大传输速率可以达到 1 Gbit/s（后续版本更高），支持 160 MHz 带宽和更多的 MIMO 天线。

IEEE 802.11ax（Wi-Fi 6，2019 年）：进一步提高了速率、容量和效率，尤其是在密集环境中的表现。通过支持 OFDMA（正交频分多址）、MU-MIMO（多用户 MIMO）和 TWT（目标唤醒时间）等技术，优化了资源的分配，降低了时延。

Wi-Fi 6E（2021 年）：Wi-Fi 6 的扩展版本，支持 6 GHz 频段，进一步提升了速度和容量，减少了频谱拥堵。

Wi-Fi 7（2024 年）：进一步提升了速度和容量，最高可达 30 Gbit/s，并且支持 320 MHz

带宽、更高效的多链路操作和更低的时延。

值得一提的是，IEEE 802.11ah 是使用 1 GHz 以下未被占用的广播电视无线电频谱进行数据传输的，能够提供最高理论值 24 Mbit/s 的无线传输速率。IEEE 802.11ah 频率覆盖范围示意如图 2-14 所示。

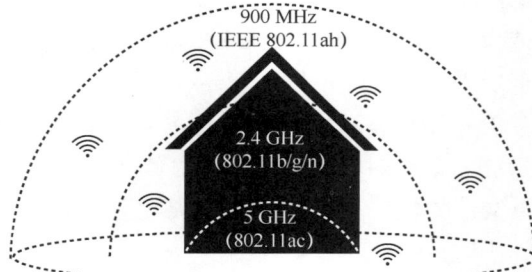

图 2-14　IEEE 802.11ah 频率覆盖范围示意

Wi-Fi 的网络架构如图 2-15 所示一般包括以下三部分。

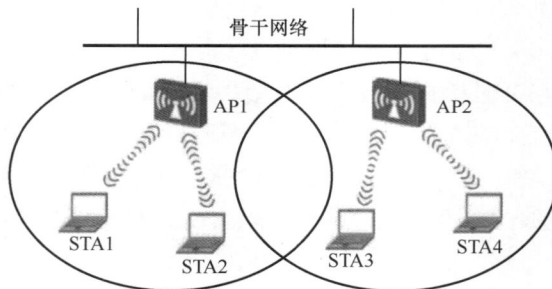

图 2-15　Wi-Fi 的网络架构

接入点：即图 2-15 中的 AP1 和 AP2，它是 Wi-Fi 网络的核心组件，提供无线信号覆盖，并将无线信号转换为有线网络数据。接入点可以是独立设备，也可以与路由器集成。

终端：即图 2-15 中的 STA1～STA4，它通过无线网连接到接入点。常见的终端包括手机、笔记本计算机、智能家居设备等。

骨干网络：包括路由器、交换机、网络控制器等网络设备，负责数据的路由、转发和管理。

Wi-Fi 技术广泛应用于各个领域，具体如下。

家庭网络：通过无线路由器，家庭成员可以使用智能手机、平板计算机、笔记本计算机等设备上网。

企业网络：Wi-Fi 为企业员工和客户提供便捷的网络接入服务，支持办公自动化和客户服务。

公共区域：在如机场、酒店、咖啡店等公共场所，Wi-Fi 为公众提供互联网接入服务。

4．ZigBee

ZigBee 技术是一种强调极低耗电、极低成本的短距离无线网络技术，遵循 IEEE

802.15.4 标准。它专注于低速率传输控制，具有网络容量大、时延小的特点，可提供数据完整性检查，采用 AES-128 算法，其有效覆盖范围半径达 75 m。它基本上能够覆盖普通的家庭环境，通信频率采用 2.4 GHz 免执照频段。IEEE 802.15.4 仅定义了 MAC 层和物理层协议，ZigBee 的网络层和应用层则进行了标准化。

ZigBee 与 Wi-Fi 的相同点如下。

① 二者都是短距离无线通信技术。

② 二者都使用了 2.4 GHz 的频率。

③ 二者都采用了直接序列扩频技术。

ZigBee 与 Wi-Fi 的不同点如下。

① 传输速度不同。ZigBee 的传输速度不高，但是功耗很低，使用电池一般能用 3 个月以上。Wi-Fi 的传输速率大，功耗也大，相关设备一般会外接电源。

② 应用场景不同。ZigBee 用于低速率、低功耗场景，比如无线传感器网，适用于工业控制、环境监测、智能家居控制等领域。Wi-Fi 一般用于覆盖一定范围（如一栋楼）的场景，其应用形式是我们常用的无线路由器。在一栋楼内布设 1 台无线路由器，楼内的笔记本计算机（带无线网卡）就都可以无线上网了。

③ 市场现状不同。ZigBee 因为成本、可靠性方面的原因，还没有得到大规模推广。而 Wi-Fi 的技术成熟很多，得到了广泛应用。

总体来说，二者的区别较大，市场定位不同，相互之间的竞争不是很大。由于二者在技术上有共同点，因此它们的相互干扰还是比较大的，尤其是 Wi-Fi 会对 ZigBee 产生干扰。二者关键特性对比见表 2-2。

表 2-2 ZigBee 与 Wi-Fi 关键特性对比

网络	内存需求	电池供电可持续时间/天	传输距离/m	数据传输速率/（kbit·s^{-1}）
ZigBee	32～64 KB	≤1000	≤1000	20～250
Wi-Fi	≥1 MB	≤5	≤100	11000

5. 蓝牙

蓝牙是一种专门用于短距离数据传输的无线通信技术。蓝牙自 1994 年由爱立信公司提出并开发以来，经历了多个版本的迭代和发展。从蓝牙 1.0 到最新的蓝牙 6.0 版本，蓝牙在传输速率、功耗、安全性等方面都有了显著提升。例如，蓝牙 5.0 版本在低功耗模式下具备更快更远的传输能力，支持室内定位及导航等功能；蓝牙 6.0 版本则引入了信道探测等新功能，带来了更多的应用场景和可能性。

蓝牙技术利用低功耗频段（2.402～2.480 GHz 或 2.4～2.4835 GHz）的无线电波，在设备间建立短距离无线连接，实现智能设备之间的连接与通信。这种技术被广泛应用于移动电话、耳机、音箱、车载音响、计算机等设备之间的数据传输。

蓝牙有以下技术特点。

短距离通信：蓝牙技术的有效通信距离通常在 10 m 以内，但通过增加发射功率，这一距离可以扩展至 100 m。

低功耗：蓝牙 4.0 及以后版本引入的蓝牙低功耗（BLE，bluetooth low energy）功能，使得蓝牙设备在保持连接的同时，能够大大降低功耗，延长电池寿命。

支持复杂网络拓扑结构：支持点对点、点对多点以及网格（mesh）网络等多种网络结构，可以构建复杂的设备网络。

智能连接：蓝牙设备具有自动搜索、配对和连接的功能，用户只需简单操作即可实现设备间的无缝连接。

高安全性：蓝牙技术采用了多种加密和认证机制，如 AES-128 CCM 加密算法等，确保数据传输的安全性。

蓝牙技术的优势在于其低功耗、短距离通信、支持复杂网络拓扑结构以及较高的安全性等特点。然而，蓝牙技术也面临着一些挑战，如安全方面的潜在风险等。为了应对这些挑战，蓝牙技术本身也在不断加强安全性方面的设计和优化工作，并与其他无线通信技术进行深度融合和创新应用。

蓝牙技术在多个领域得到了广泛应用。在消费电子领域，蓝牙广泛应用于无线耳机、音箱、智能手表等智能穿戴设备中。在医疗健康领域，蓝牙用于血糖或血压监测器等医疗设备中。在物联网领域，蓝牙用于智能家居系统，如智能门锁、智能照明等设备中。此外，蓝牙技术还应用于自动紧急呼叫系统、信标导航、宠物追踪等多个创新应用场景中。

6．LoRa

LoRa 是基于 Semtech 公司开发的一种低功耗局域网无线标准，其目的是解决功耗与传输难覆盖距离的矛盾问题。一般情况下，低功耗则传输距离近，高功耗则传输距离远。LoRa 解决了在同样的功耗条件下比其他无线方式传播距离更远的技术难题，实现了低功耗和远距离两种兼顾的效果。图 2-16 展示了 LoRa 技术原理，它采用了扩频调制技术，这种调制方式允许信号在强干扰环境下保持良好的穿透力与抗多径衰落能力，从而实现远距离传输。

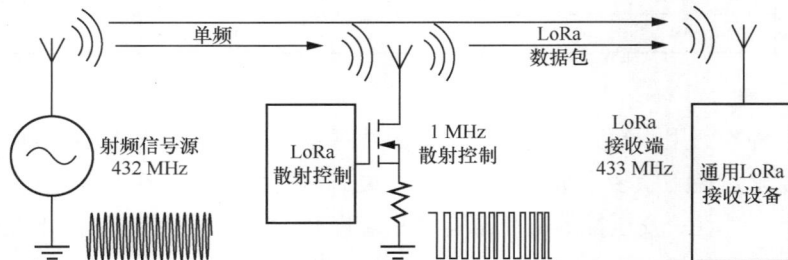

图 2-16　LoRa 技术原理

LoRa 技术采用先进的前向纠错编码（FEC，forward error correction）技术来增强数据传输的可靠性，即使在信号强度较低的情况下也能保证一定的数据完整性。此外，它支持多种扩频因子选择，以适应不同的传输速率和距离需求。

LoRa 有以下技术特点。

• 长距离通信：LoRa 能够实现长距离的通信覆盖，其通信半径有数十千米，非常适合于远距离物联网应用，例如农业监测、智能城市等。

- 低功耗：LoRa 设备以及其通信协议被设计为低功耗，所以 LoRa 网络中的设备可以长时间运行，即使是由电池供电的设备也可以有较长的使用寿命。
- 广域覆盖：LoRa 网络可以提供广泛的覆盖范围，不仅覆盖城市地区，也能够较好地穿透障碍物，提供深度的室内和地下覆盖，适用于各种不同环境下的物联网应用。
- 抗干扰能力：LoRa 在频繁干扰的环境中依然能够保持稳定的通信连接，从而提高了复杂电磁环境下通信的可靠性。
- 低成本：LoRa 的部署相对成本较低，设备价格低廉，且由于其长距离通信能力，可以减少基础设施的需求，从而降低了整体的部署成本。
- 开放标准：LoRa 是一种开放的通信标准，因此厂商和开发者可以基于 LoRa 进行应用开发，极大地促进了 LoRa 生态系统的发展和创新。

LoRa 存在以下不足之处。

不适合高速率传输应用场景：LoRa 在传输距离上有突出表现，但牺牲了数据传输速率，其数据传输速率通常为几十至几百千比特每秒，不能满足高速率传输场景的要求。

标准化与兼容性：LoRa 主要依托私有协议 LoRaWAN，虽然已在全球范围内得到广泛应用，但相对于其他一些全球统一的通信技术标准还是有较大的差距。

LoRa 在智慧城市、农业监测、资产追踪、工业物联网等领域有着广泛应用。

- 智慧城市：用于智能照明、环境监测、停车管理等市政设施的数据采集与远程控制。智慧城市组网示意如图 2-17 所示。

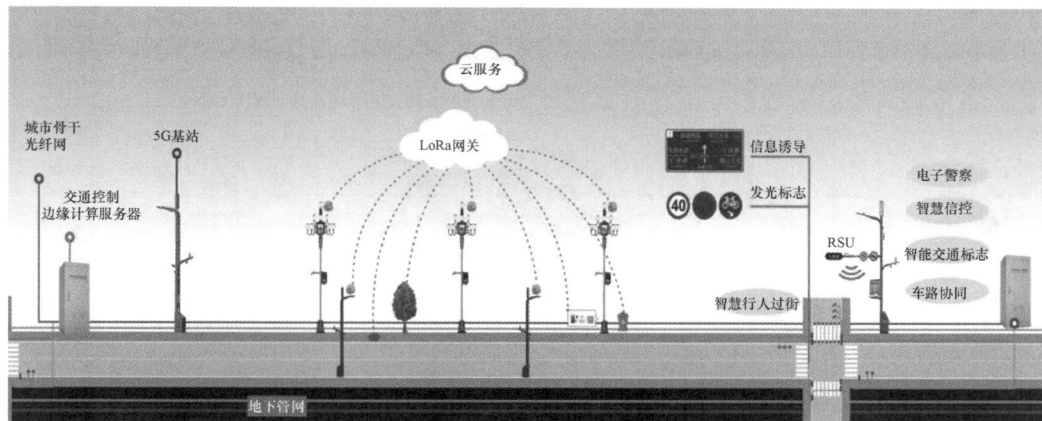

图 2-17　智慧城市组网示意

- 农业监测：实现农田土壤湿度、温度、光照等参数的实时监测，助力精准农业发展。农业监测组网示意如图 2-18 所示。
- 资产追踪：在物流和供应链管理中，可对货物进行实时定位和状态跟踪。
- 工业物联网：为工厂自动化提供无线监控解决方案，如生产设备的状态监测和预测性维护。

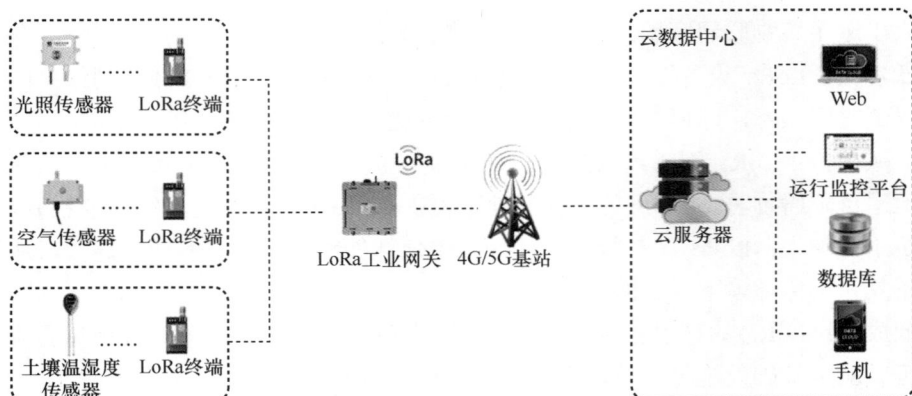

图 2-18　农业监测组网示意

2.3.4　物联网的应用案例

工业物联网解决方案因为工作效率高、可以降低成本，被越来越多的工业企业所使用。正以其独特的优势推动着工业生产的智能化、高效化转型。随着 5G、大数据、云计算等技术的快速发展，工业物联网的应用场景越来越广泛，深入生产制造的各个环节，为企业带来前所未有的价值提升。

1．标识解析在物品信息识别与溯源中的应用

"一物一码扫码"是一种在物品上创建唯一标识码的技术，可实现物品信息的快速识别和查询。这种技术使用二维码、条形码或其他类型的编码来标记物品。通过扫描这些码，用户可以立即获取关于物品的详细信息和历史记录。一物一码扫码技术正在被广泛应用于物流、供应链管理、防伪溯源、资产管理等领域，其原理如图 2-19 所示。

图 2-19　一物一码技术原理

具体应用，如防伪标签，通过结合多种防伪技术制作而成的标识，印刷之后可粘贴在产品表面或者外包装上，顾客通过扫码查看了产品信息，也鉴别了商品真假。

此外还可以实现产品防伪溯源的全程管理，包括产品原料、采购、生产、流向、消费，全数码身份监控，实现产品防伪、防窜货、供应链管理以及数字化综合解决方案。

例如防窜货功能，可以对产品进行全过程的追踪，从流通到运输环节的管控。如果产品不在这个经销商的范围内销售产品，系统就会发出预警，可及时知道窜货情况，方便快速解决问题。

2．标识解析在智能化生产中的应用

生产是通过信息技术与操作技术的融合，对人、机、料、法、环五个生产要素进行管控，以实现从前端采购、生产计划管理到后端仓储物流等生产全过程的智能调度及调整优化的环节。

工业互联网中的"智能化生产"是指，实现从单个机器到产线、车间乃至整个工厂的智能决策和动态优化，显著提升全流程生产效率、提高质量、降低成本。

从实现角度看，智能化生产可以分为两种基本模式：一种是叠加式网络，局部改造；另一种是集成式网络，全面改造。

以智能化生产的第一种基本模式，即"叠加式网络，局部改造"为例，使用标识解析的典型应用如图 2-20 所示，具体步骤如下。

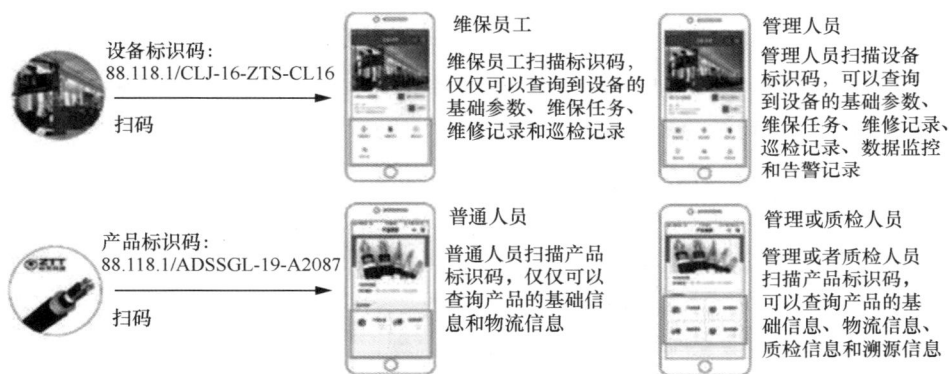

图 2-20　使用标识解析的典型应用

步骤 1：对监测设备或传感器进行标识，可以使用内嵌虚拟标识的主动标识载体，也可以是外部附着的 RFID 电子标签等被动标识载体。

步骤 2：当监测设备或传感器首次接入网络时，向工业数据平台进行注册，或者直接向企业标识解析系统进行注册，建立设备 ID 和网络 IP 地址的对应关系。

步骤 3：当工业数据平台或相关应用需要查询监测设备或传感器所采集的数据时，先通过标识解析系统获取监测设备或传感器的地址，然后建立通信来获取具体数据。

3．标识解析在个性化定制中的应用

工业互联网中的"个性化定制"是指实现企业与用户的无缝对接，形成满足用户需求的个性化定制方案，通过灵活组织设计、制造资源和生产流程，实现低成本大规模定制，提升产品价值，增强用户黏性。

从实现角度看，个性化定制应用中将用户个性化需求直接转化为生产排单，开展以用户为中心的个性定制与按需生产，满足市场多样化需求，解决制造业长期存在的库存和产能问题，实现产销动态平衡，主要包括众创定制和深度定制两种模式。

在图 2-21 所示的个性化定制场景中，假设产品具有主体原材料，则使用标识解析的具体步骤具体如下。

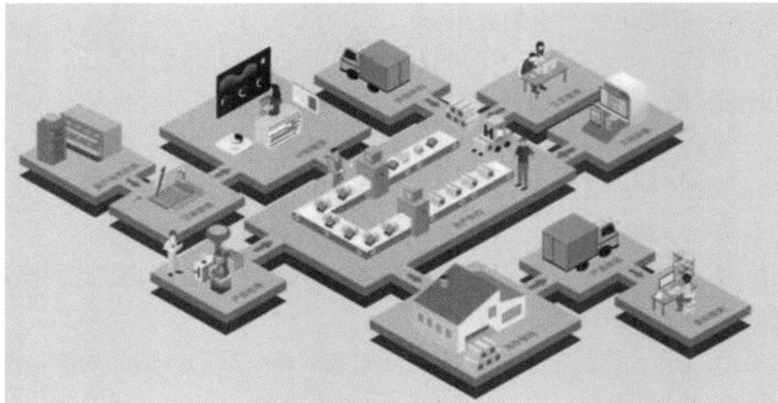

图 2-21　个性化定制生产

步骤 1：定制平台根据客户需求生成订单标识 ID 及其对应的订单描述文件 Profile。

步骤 2：订单进入企业资源计划系统，企业资源计划系统根据订单生成工序系列，然后为每个工序匹配物料。此时物料信息还会被传递给供应链管理系统，以确定供货和调度。

步骤 3：生产执行系统根据企业资源计划系统给出的订单号或者其他方式进行原材料编码，然后通过二维码、RFID 标签等形式对原材料进行标识。

步骤 4：生产设备读取主体原材料的标签信息，识别主体原材料标识 ID。

步骤 5：根据主体原材料标识 ID，在企业资源计划系统中查询对应的订单，描述文件 Profile 和关联工序，然后生产设备进行相应加工处理。

4．标识解析在网络化协同中的应用

工业互联网中的"网络化协同"是指通过有效集成不同设计企业、生产企业及供应链企业的业务系统，实现设计、生产的并行实施，大幅缩短产品研发设计与生产周期，降低新产品开发制造成本、缩短产品上市周期。

从实现角度看，网络化协同借助互联网络或工业云平台，实现制造企业与外部用户需求、创新资源、生产能力的全面对接，推动设计、制造、供应和服务环节的并行组织和协同优化，有效降低资源获取成本、大幅延伸资源利用范围，打破封闭疆界，加速从单打独斗向产业协同转变，促进产业整体竞争力提升。

在网络化协同场景中，以 3D 打印机和数控机床协调为例，使用标识解析的具体应用流程如图 2-22 所示。

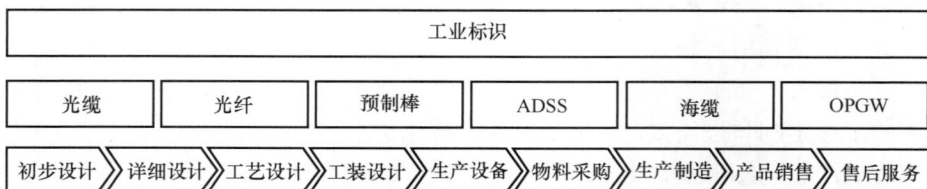

ADSS：all dielectric self supporting，全介质自承式光缆
OPGW：optical fiber composite overhead ground wire，复合光缆地线

图 2-22　网络化协同中的应用

步骤 1：对资源（有虚拟资源，例如设计模型、专业软件；也有物理资源，例如 3D 打印机、数控机床）进行打码标识。

步骤 2：将上述资源在标识解析系统中进行注册。

步骤 3：网络协同应用（例如协同研发、协同设计、供应链协同）通过标识解析系统查询出资源的位置，从而访问或者调用资源，实现在线仿真计算、复杂产品模块协同测试、制造资源统一浏览和灵活排产。

随着智能化无线移动终端的流行，传统应用也都随之转移，人-机-物联网对话应用也成为人与物品（商品）之间沟通的窗口。

2.4　实验过程

本实验将实现对工业互联网中物品进行标识解析和数据采集，以及通过物联网进行信息汇总，并在应用层面进行系统的物品管理，从而实现有物品实物到数字化的物品孪生系统。

在该实验中，我们将实现系统登录、物品标识的申请与查询、物品标识的管理、标识的扫取录入、物品数字化信息的统计处理等功能。

实验步骤如下。

步骤 1：登录一物一码系统。打开系统地址，输入用户名和密码进行登录，其界面如图 2-23 所示。请注意，这里的一物一码系统是一类系统的统称，实验中以具体系统名为准。

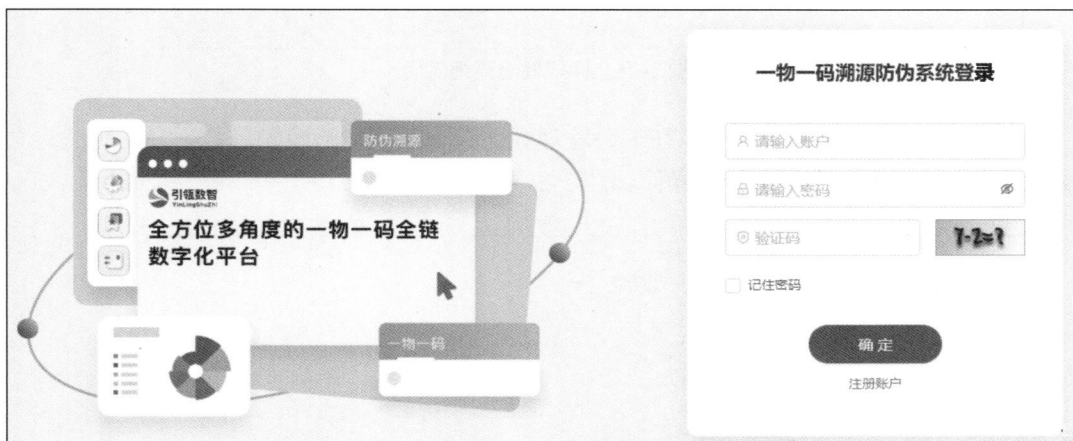

图 2-23　一物一码溯源防伪系统登录界面

步骤 2：标识编码申请与查询。更换物品，申请唯一的标识编码，可以选择批次、申请名称、申请数量，以及指定编码规则，编码长度等信息，如图 2-24 所示。此外，根据需求可以生成防伪码、（物品）状态以及备注等信息。

图 2-24　添加码申请界面

申请完成之后，可以查看申请状态等信息，等待申请通过即可，其界面如图 2-25 所示。

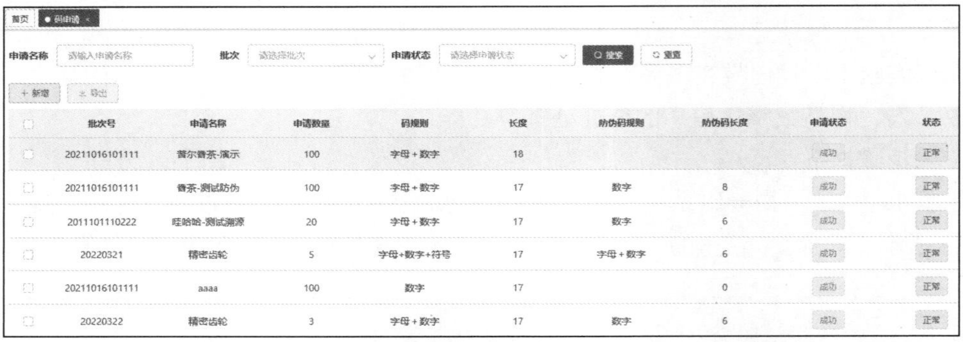

图 2-25　标识编码查询界面

步骤 3：标识编码管理。可以在编码管理界面查看使用中的编码，了解编码的扫码次数，扫码时间等信息，标识管理界面如图 2-26 所示。

图 2-26　标识编码管理界面

步骤4：扫码记录查询。在扫码记录界面可以查看更加详细的记录，包括对每一个编码的扫码时间等信息，如图2-27所示。

图2-27 扫码记录界面

步骤5：防伪查询记录查询。在防伪查询记录中，可以查看防伪信息的查询情况、查询时间、查询地点等，如图2-28所示。

图2-28 防伪查询记录界面

步骤6：报表信息统计。报表信息统计中可以查看二维码数量、扫码量、防伪量等相关信息，其界面如图2-29所示。

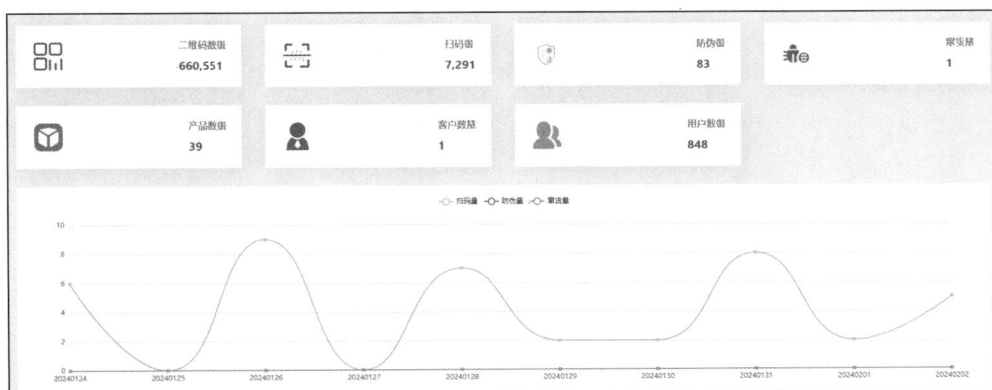

图2-29 报表信息统计界面

2.5 习题

1. ITU 对物联网的定义是什么？
2. 物联网的 3 个关键特征是什么？
3. 物联网架构包括哪 4 层？请简单描述每一层的作用。
4. 什么是 RFID 技术？一套完整的 RFID 系统包括哪些设备？
5. 什么是数据传输技术？
6. 物联网主要采用哪些数据传输技术？
7. 数据传输技术在物联网中有什么应用？

项目三　设备通信

3.1　项目要求

1．深入理解 RS-232 和 RS-485 通信接口的标准、电气特性、连接方式及应用场景，并能进行基本的配置和使用。

2．通过实验验证 RS-232 串口的自发自收功能，测试两台计算机之间的 RS-232 串口通信情况，并掌握串口调试工具的使用方法。

3.2　学习目标

1．理解串行通信的基本原理。

2．熟悉通用异步接收发送设备（UART，universal asynchronous receiver/transmitter）通信协议，理解其数据格式和通信过程。

3．掌握 RS-232 和 RS-485 通信接口的基础内容。

4．熟悉串口调试工具的使用方法和功能。

5．能够使用串口调试工具进行数据的发送、接收、监视及参数配置。

3.3　相关知识

IBM 计算机及其兼容机是目前应用较广泛的一种计算机，通常作为分布式测控系统的上位机，而单片微处理器和单片微控制器软/硬件资源丰富、价格低，适合作为下位机。上位机与下位机之间一般采用串行通信技术，常用的接口有 RS-232 接口和 RS-485 接口。

3.3.1 串行通信

1. 数据传输

并行传输是一种将数据以成组的方式在两条及以上的并行通道上同时传输的方式。它可以同时传输一组数据，每比特数据单独使用的一条导线。例如，采用 8 条导线并行传输 8 bit 数据，另外用一条"选通"线（图 3-1 中未列出）通知接收端接收该字节数据，接收端可对并行通道上各条导线的数据信号并行取样。并行传输进行字符通信时不需要采取特别措施，就可实现收发双方的字符同步。并行传输如图 3-1（a）所示。

在图 3-1（b）所示的串行传输中，数据以串行方式逐位在一条信道上传输。每次只能发送一位数据，发送端必须确定先发送数据字节的高位还是低位。同样地，接收端也必须知道所收到的数据应该处于字节的什么位置。串行传输具有易于实现、在长距离传输中可靠性高等优点，适合远距离数据通信，但需要在收发双方采取同步措施。

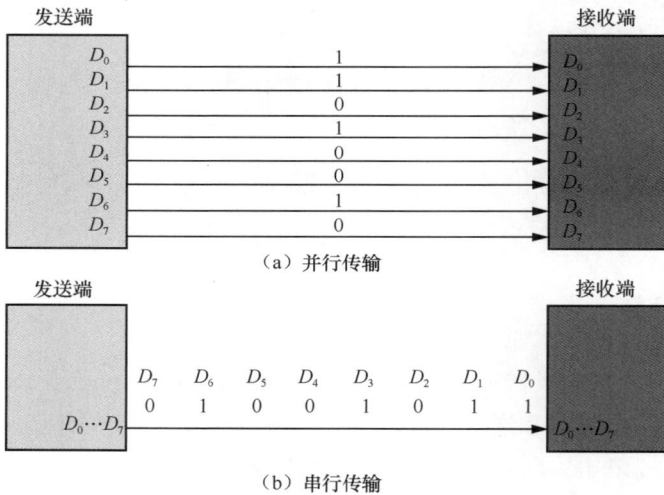

图 3-1 并行传输与串行传输

并行传输所需要的传输通道多，一般在距离相近的设备之间传输数据时使用。常见的例子是计算机和打印机等外围设备之间的通信，CPU、存储器模块与外围芯片之间的通信等。显然，并行传输不适合长距离通信。

串行通信的设备在功能、型号上往往互不相同，其中的大多数设备除等待接收数据之外还会有其他任务，例如，一个数据采集单元需要周期性地收集和存储数据，一个控制器需要负责控制计算或向其他设备发送报文，一台设备可能会在接收端正在进行其他任务时向它发送信息。这就要求有能应对多种不同工作状态的一系列规则，来保证通信的有效性。这里所讲的保证通信有效性的方法包括：使用轮询或者中断来检测、接收信息，设置通信帧的起始位、停止位，建立连接握手，实行对接收数据的确认、数据缓存以及错误检查等。

2. 同步传输与异步传输

在数据通信系统中，各种处理工作总是在一定的时序脉冲控制下进行的。例如，串行传输中的二进制数据在一条总线上以位为单位按时间逐位传送，接收端则按顺序逐位接收，因此接收端必须能正确地按位区分数据，才能恢复所接收的数据。串行通信中的发送端和接收端都需要使用时钟信号，通过时钟信号决定什么时候发送和读取数据。

同步传输和异步传输是指通信处理中使用时钟信号的不同方式。同步传输如图 3-2 所示。

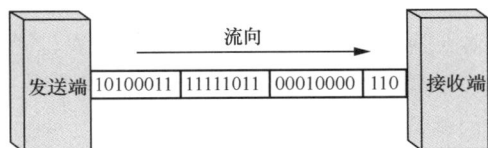

图 3-2　同步传输

在同步传输中，所有设备都使用一个共同的时钟信号，这个时钟信号可以由参与通信的设备中的一个产生，也可以由外部时钟信号源提供。所有传输的数据都和这个时钟信号同步。传输的每个数据只在时钟信号跳变（上升或者下降沿）之后的一个规定的时间内有效。接收端利用时钟跳变决定什么时候读取数据，例如，发送端在时钟信号的下降沿发送数据，接收端则在时钟信号中间的上升沿接收并锁存数据。

异步传输如图 3-3 所示。

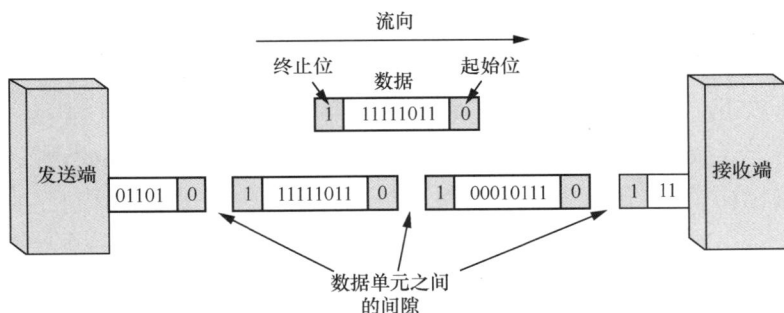

图 3-3　异步传输

在异步传输中，每个通信节点都有自己的时钟信号。每个通信节点必须在时钟频率上保持一致，并且所有的时钟必须在一定误差范围内相吻合。当传输 1 B 数据时，异步传输通常会用一个起始位来同步时钟。RS-232 接口就是使用异步传输与调制解调器及其他设备进行通信的。异步传输并不要求收发两端在传送信号每一位数据时都同步。例如在单个字符的异步方式传输中，传输字符前设置的起始位，可预告数据即将开始。在数据和校验信号之后，设置的终止位表示该字符已结束。在起始位和终止位之间有需传送的数据，因而异步传输又称为起止同步，即由起始位对该字符内的各数据起到同步作用。

异步传输实现起来简单容易。但异步传输中往往因同步的需要，要额外传输一个或多个同步字符或帧头，这会增加网络开销，使线路效率受到一定影响。

3．UART

在异步传输中，发送端和接收端不需要同时处于激活状态，而是通过起始位和停止位来标识数据的开始和结束。在串行端口的异步传输中，接收端一般事先并不知道数据会在什么时候到达。在它检测到数据并做出响应之前，第一个数据就已经过去了，因此每次异步传输都应该在发送的数据之前设置起始位，以通知接收端有数据到达，给接收端留出接收数据、缓存数据和做出其他响应所需的时间。在传输过程结束时，应由停止位通知接收端本次传输过程已终止，以便接收端正常终止本次通信。无论是 RS-232 还是 RS-485 端口，均可采用串行异步收发数据。

UART 通信协议的数据格式如图 3-4 所示。

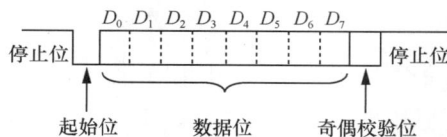

$D_0 \; D_1 \; D_2 \; D_3 \; D_4 \; D_5 \; D_6 \; D_7$

停止位　　　　　　　　　　　　　　　　　　停止位

起始位　　　　数据位　　　　奇偶校验位

图 3-4　UART 通信协议的数据格式

若通信线路上无数据发送，则该线路应处于逻辑 1 状态（用高电平表示）。当计算机向外发送 1 B 数据时，应先发送起始位（逻辑 0 为低电平），随后紧跟着数据，这些数据构成要发送的字符信息。奇偶校验位视需要设定，紧跟其后的是停止位（逻辑 1 为高电平）。

4．通信有效性保障

（1）连接握手

起始位可以引起接收端的注意，但发送端并不知道也不能确认接收端是否已经做好接收数据的准备。连接握手可以使收发双方确认已经建立连接关系，接收端已经做好准备，可以进入数据收发状态。

连接握手是指发送端在发送一个数据块之前使用一个特定的握手信号引起接收端的注意，表明要发送数据；接收端则通过握手信号回应发送端，说明已经做好接收数据的准备。连接握手可以通过软件，也可以通过硬件来实现。

在软件连接握手中，发送端通过发送 1 B 数据表明它想要发送数据。接收端看到该数据的时候，也发送特定数据声明自己可以接收数据。当发送端看到这个信息时，便知道它可以发送数据了。接收端还可以通过另一个特定数据告诉发送端停止发送。

在普通的硬件握手方式中，接收端在准备好接收数据的时候，在相应的导线上输入高电平，然后开始全神贯注地监视其串行输入端口的允许发送端，这个允许发送端与接收端的已准备好接收数据的信号端相连。发送端在发送数据之前一直在等待电平的变化，一旦得到电平变化的信号便开始发送数据。接收端可以在任何时候在导线上输入低电平，即便正在接收数据块，也可以这样做。当发送端检测到这个低电平信号时，就应该停止发送。

而在完成本次传输之前，发送端还会继续等待这根导线再次输入高电平，以继续被中止的数据传输。

（2）确认

接收端为表明数据已经收到而向发送端回复信息的过程称为确认。有的传输过程可能会收到报文而不需要向相关节点回复确认信息，但是在许多情况下，接收端需要通过确认告知发送端数据已经收到。有的发送端需要根据是否收到确认信息来采取相应的措施，因而确认对某些通信过程是必需的和有用的。即便接收端没有其他信息要告诉发送端，也要单独发一个确认信息，告知接收端已经收到的信息。发送端收到确认报文便可以认为数据传输过程结束了，如果没有收到所希望回复的确认报文，则认为通信出现了问题，将采取重发或者其他行动。

（3）中断

中断是一个信号，它通知 CPU 有需要立即响应的任务。每个中断请求对应一个连接到中断源和中断控制器的信号。系统通过自动检测端口事件发现中断并转入中断处理。

许多串行端口采用硬件中断这种方式。当串口发生硬件中断，或者一个软件缓存的计数器达到触发值时，这表明某个事件已经发生，需要执行相应的中断响应程序，并对该事件及时做出反应。这个过程也称为事件驱动。

采用硬件中断时，系统应该提供中断服务程序，以便在中断发生时让该程序执行所期望的操作。很多微控制器为满足这种应用需求而设置了硬件中断。在一个事件发生的时候，应用程序会自动对端口的变化做出响应，跳转到中断服务程序。

外部事件驱动可以在任何时间插入并使程序转向执行一个专门的应用程序。

（4）轮询

通过周期性获取特征或信号，以及读取数据或发现是否有事件发生的过程称为轮询。系统需要足够频繁地轮询端口，以便不遗失任何数据或者事件。轮询的频率取决于对事件反应需求的快慢，以及缓存区的大小。

轮询通常用于计算机与 I/O 端口之间较短数据或字符组的传输。由于轮询端口不需要硬件中断，因此一个没有分配中断的端口可以运行此类程序。很多轮询使用系统计时器来确定周期性读取端口的操作时间。

（5）差错检验

数据通信中的接收端可以通过差错检验来判断所接收的数据是否正确。冗余数据校验、奇偶校验、校验和与循环冗余校验等都是串行通信中常用的差错检验方法。

冗余数据校验：发送冗余数据是实行差错检验的一种简单办法。发送端对每个报文都发送两次，接收端根据这两次收到的数据是否一致来判断本次通信的有效性。当然，采用这种方法意味着每个报文都要花两倍的时间进行传输。冗余数据校验在传送短报文时经常会用到，许多红外线控制器就使用这种方法进行差错检验。

奇偶校验：串行通信中经常采用奇偶校验进行错误检查。校验位可以按奇数位校验，也可以按偶数位校验。按数据位加上校验位共有偶数个 0 的规则填写校验位的方式称为偶校验，而按数据位加上校验位共有奇数个 0 的规则填写校验位的方式称为奇校验。

接收端检验接收到的数据如果违背了事先约定的奇偶校验的规则，不是所期望的数值，则说明出现了传输错误，则向发送端发送出错通知。

校验和：在通信数据中加入一个差错检验位。对一条报文中的所有位进行数学或者逻辑运算，计算出校验和。将校验和形成的差错检验结果作为该报文的组成部分。接收端对收到的数据重复这样的计算，如果得到了一个不同的结果，就可判定通信过程发生了差错，说明它接收到的数据与发送数据不一致。

一个典型的计算校验和的方法是将这条报文中所有位的值相加，然后用结果的最低位作为校验和。校验和通常只有一个位数据，因而不会对通信数据量有明显的影响，适合在长报文的情况下使用。但这种方法并不是绝对安全的，会存在很小概率的判断失误，即在数据并不完全吻合的情况下有可能出现校验和一致的情况，从而将有差错的通信过程判断为没有发生差错。

循环冗余校验：这也是串行通信中常用的检错方法，它采用比校验和更为复杂的数学计算，其校验结果也更加可靠。

出错的简单处理：当一个节点检测到通信中出现的差错或者接收到一条无法理解的报文时，它应该尽量通知发送报文的节点，要求对端重新发送或者采取其他措施来纠正。

经过多次重发，如果发送端仍不能纠正这个差错，那么发送端应该终止向这个节点发送数据，发送一条出错消息，并尽可能继续执行其他任务。

接收端如果发现接收到的一条报文和期望报文的大小不同，应停止连接，并让主计算机知道出现了问题，而不能无休止地等待一个报文结束。主计算机可以决定让该报文继续发送、重发或者停发。

3.3.2　串行通信接口

1. RS-232 接口

RS-232C 电气规范是 RS-232 标准的改进版，增加了数据传输速率、握手协议等方面的规定。另外，RS-232C 在电气特性上也有所进步，主要表现在输出电流量级、采用 Zener 二极管稳压、推荐使用一些新型器件等方面。

相比较而言，RS-232 广泛应用于个人计算机、控制台等场景，RS-232C 则对应用程序员来说更有吸引力，因此，这里以 RS-232C 为例，介绍 RS-232 的相关知识。

（1）RS-232C 端子

RS-232C 的连接插头为 25 针或 9 针，如图 3-5 所示，其主要端子分配见表 3-1。

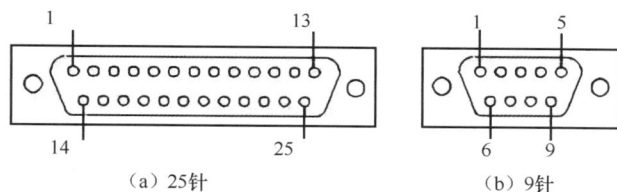

（a）25针　　　　　　　　（b）9针

图 3-5　RS-232C 连接插头

表 3-1　RS-232C 主要端子分配

端脚（25针）	端脚（9针）	方向	符号	功能
2	3	输出	TXD	发送数据
3	2	输入	RXD	接收数据
4	7	输出	RTS	请求发送
5	8	输入	CTS	为发送清零
6	6	输入	DSR	数据设备准备好
7	5	—	GND	地线
8	1	输入	DCD	数据信号检测
20	4	输出	DTR	数据信号检测
22	9	输入	RI	数据信号检测

1）信号含义

从计算机到调制解调器涉及的信号如下。

DTR——数据终端准备好：告诉调制解调器，计算机已接通电源，并准备好发送数据了。

RTS——请求发送：告诉调制解调器现在要发送数据。

从调制解调器到计算机涉及的信号如下。

DSR——数据设备准备好：告诉计算机，调制解调器已接通电源，并准备好接收数据了。

CTS——为发送清零：告诉计算机调制解调器已做好了接收数据的准备。

DCD——数据信号检测：告诉计算机调制解调器已与对端的调制解调器建立连接了。

RI——振铃指示器：告诉计算机对端电话已在振铃了。

数据信号如下。

TXD——发送数据。

RXD——接收数据。

2）电气特性

RS-232C 的电气线路连接如图 3-6 所示。

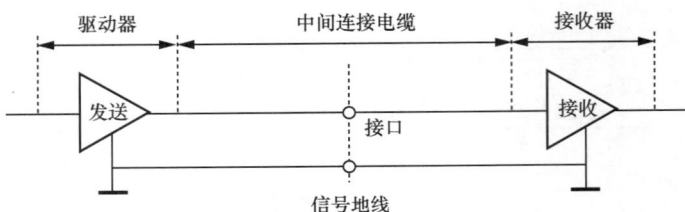

图 3-6　RS-232C 的电气线路连接

RS-232C 为非平衡型接口，每个信号占用一根导线，所有信号回路共用一根地线。信号速率不超过 20 kbit/s，电缆长度不超过 15 m。由于是单线，线间干扰较大，因此它的电性能采用 ±12 V 标准脉冲。值得注意的是，RS-232C 采用负逻辑。

在数据线上：

传号 mark＝-5～-15 V，逻辑 1 电平；

空号 space＝+5～+15 V，逻辑 0 电平。

在控制线上：

通 on＝+5～+15 V，逻辑 0 电平；

断 off＝-5～-15 V，逻辑 1 电平。

（2）通信接口的连接

当两台计算机经 RS-232C 直接通信时，它们之间的连接线有两种情况，分别如图 3-7 和图 3-8 所示。可以看出，如果两台计算机之间没有用到调制解调器的有关信号，那么两台计算机直接通信时，只连接 3、2、5 针就可以了。

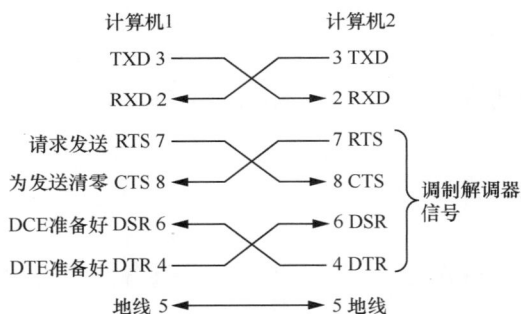

图 3-7　使用调制解调器信号的
RS-232C（9 针）连接

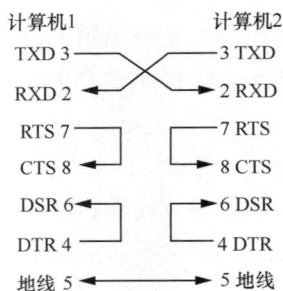

图 3-8　不使用调制解调器信号的
RS-232C（9 针）连接

（3）RS-232C 电平转换器

为了实现采用 +5 V 供电的 TTL 和 CMOS 接口电路与 RS-232C 的连接，我们必须进行串行口的输入/输出信号的电平转换。目前常用的电平转换器有 MOTOROLA 公司生产的 MC1488 驱动器、MC1489 接收器、TI 公司的 SN75188 驱动器、SN75189 接收器，以及美国 MAXIM 公司生产的单一的 +5 V 电源供电、多路 RS-232 驱动器/接收器，如 MAX232A。

MAX232A 内部具有双充电泵电压变换器、两路发送器及两路接收器，可把+5 V 变换成±10 V，作为驱动器的电源。MAX232A 引脚如图 3-9 所示，典型应用如图 3-10 所示。

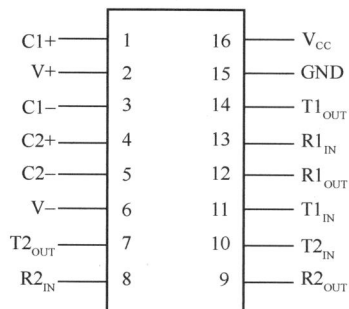

图 3-9　MAX232A 引脚

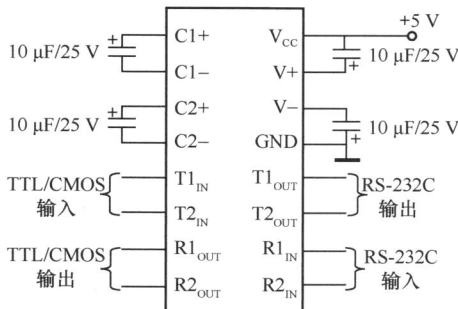

图 3-10　MAX232A 典型应用

2．RS-485 接口

RS-232C 传输距离较近，当传输距离较远时可采用 RS-485。

（1）RS-485 接口标准

RS-485 采用二线差分平衡电路传输信号，当采用+5 V 电源供电时，其信号定义如下。

若差分电压信号为−2500～−200 mV 时，输出为逻辑 0。

若差分电压信号为+2500～+200 mV 时，输出为逻辑 1。

若差分电压信号为−200～+200 mV 时，输出为高阻状态。

RS-485 差分平衡电路如图 3-11 所示，其中，一根导线上的电压值是另一根导线上电压值的取反。接收端的输入电压为这两根导线电压的差值 $V_A - V_B$。

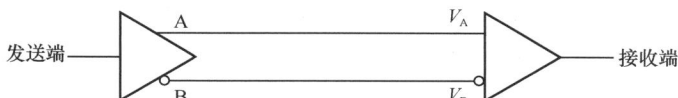

图 3-11　RS-485 差分平衡电路

差分平衡电路的最大优点是抑制噪声。由于两根信号线上的电压大小相同、方向相反，噪声电压往往会在两根导线上同时出现，一根导线上出现的噪声电压会被另一根导线上出现的噪声电压抵消，因此，差分平衡电路可以极大地削弱噪声对信号的影响。

RS-485 和 RS-232C 主要性能指标的比较见表 3-2。

表 3-2　RS-485 和 RS-232C 主要性能指标的比较

接口	最大传输距离	最大传输速率	驱动器最小输出/V	驱动器最大输出/V	接收器敏感度/V	最大驱动器数量	最大接收器数量	传输方式
RS-232C	15 m	20 kbit/s	±5	±15	±3	1 个	1 个	单端
RS-485	1200 m（速率为 100 kbit/s）	10 Mbit/s（距离为 12 m）	±1.5	±6	±0.2	32 单位负载	32 单位负载	差分

（2）RS-485 收发器

RS-485 收发器的种类较多，如 MAXIM 公司的 MAX485，TI 公司的 SN75LBC184、SN65LBC184，高速型 SN65ALS1176 等。下面简单介绍 SN75LBC184。

SN75LBC184 是具有瞬变电压抑制的差分收发器，是商业级设备，其引脚如图 3-12 所示。

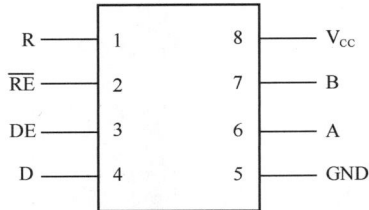

图 3-12　SN75LBC184 引脚

各引脚含义如下。

R：接收端。

$\overline{RE}$：接收使能，低电平有效。

DE：发送使能，高电平有效。

D：发送端。

A：差分正输入端。

B：差分负输入端。

V_{CC}：+5 V 电源。

GND：接地。

SN75LBC184 具有如下特点。

① 具有瞬变电压抑制能力，能防雷电和抗静电放电冲击。

② 限斜率驱动器，使电磁干扰减到最小，并能减少传输线终端不匹配所引起的反射。

③ 总线上可挂接 64 个收发器。

④ 接收器输入端开路故障保护。

⑤ 具有热关断保护。

⑥ 禁止低电源电流，最大电流为 300 μA。

⑦ 引脚与 SN75176 兼容。

（3）RS-485 应用电路

RS-485 应用电路如图 3-13 所示。

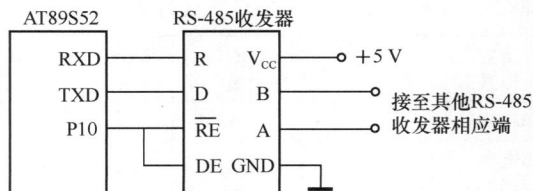

图 3-13　RS-485 应用电路

在图 3-13 中，AT89S52 是一种微控制器 RS-485 收发器可采用 SN75LBC184、SN65LBC184、MAX485 等类型。当 P10 为低电平时，RS-485 收发器接收数据；当 P10 为高电平时，RS-485 收发器发送数据。

（4）RS-485 网络互联

利用 RS-485，我们可以使一个或者多个信号发送器与接收器互联，在多台计算机或带微控制器的设备之间实现远距离数据通信，形成分布式测控网络系统。

下面介绍 RS-485 的半双工通信连接。

在大多数应用条件下，RS-485 连接采用半双工通信方式。多个驱动器和接收器共享一条信号通路。图 3-14 展示了 RS-485 半双工通信方式的连接电路，其中，RS-485 收发器采用的是 SN75LBC184，两个 120 Ω 的电阻作为总线的终端电阻。终端电阻等于电缆的特征阻抗可以削弱甚至消除信号的反射。

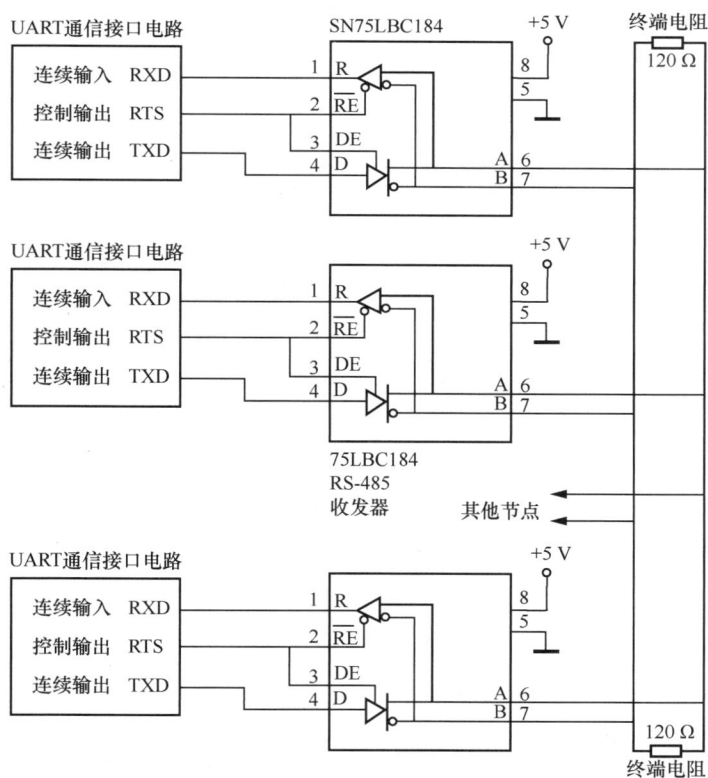

图 3-14　RS-485 半双工通信方式的连接电路

需要注意的是，在 RS-485 半双工通信连接中，同一时间内只能有一个驱动器工作。如果发生两个或多个驱动器同时启用，一个企图使总线呈现逻辑 1，另一个企图使总线呈现逻辑 0，则会发生总线竞争，某些元件上就会产生大电流，因此，所有 RS-485 的接口芯片上都必须包括限流和过热关闭功能，以便在发生总线竞争时保护芯片。

尽管大多数 RS-485 的连接是半双工的，但是 RS-485 全双工通信方式的连接也是可以的。下面介绍 RS-485 的全双工通信连接。

图 3-15 和图 3-16 分别表示两个和多个 RS-485 全双工通信方式连接。在全双工通信方式连接中，信号的发送和接收都有自己的通路。在全双工通信、多节点连接中，一个节点可以在一条通路上向其他节点发送信息，而在另一条通路上接收来自其他节点的信息。

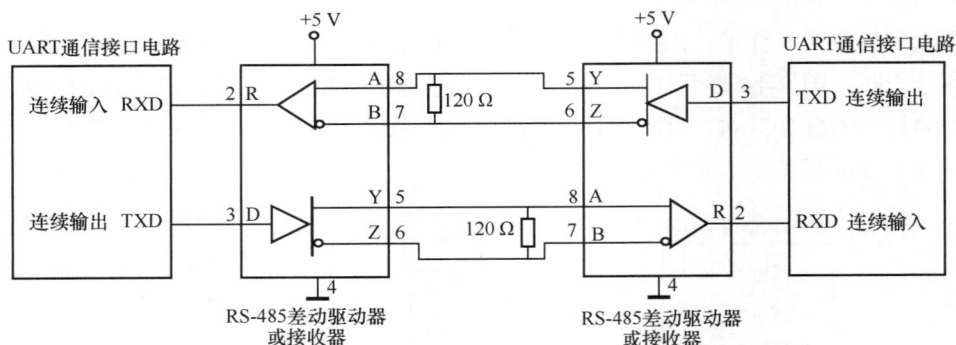

图 3-15 两个 RS-485 的全双工通信方式连接

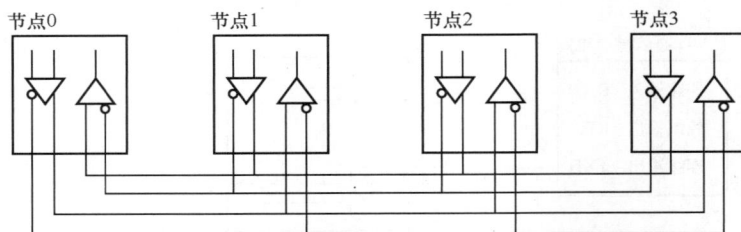

图 3-16 多个 RS-485 的全双工通信方式连接

3.3.3 串口调试工具

串口调试工具是一种用于调试和测试串口通信的软件工具。串口通信是一种在两个设备之间通过串行接口进行数据交换的方式，常见于计算机与外部设备或计算机之间的通信。串口调试工具的作用主要包括以下几个方面。

数据发送与接收：串口调试工具最基本的功能是发送数据到串口和接收来自串口的数据，让开发人员测试串口通信是否正常，以及设备是否正确响应发送的数据。

数据监视：通过串口调试工具，开发人员可以实时监视串口通信的数据流。这对于调试和验证设备之间的通信过程非常有用，可以帮助识别通信错误或数据格式问题。

参数配置：串口通信涉及多个参数，如波特率、数据位、停止位和奇偶校验。串口调试工具允许用户配置这些参数，以确保它们与通信设备的设置相匹配。

日志记录：许多串口调试工具提供日志记录功能，允许用户保存串口通信的会话记录。

这对于后续分析或调试问题非常有用。

数据格式化和解析：一些高级的串口调试工具提供数据格式化和解析功能，可以将接收到的原始数据转换为更易于理解的格式，如十六进制、ASCII 码或自定义格式。

脚本和自动化：某些串口调试工具支持脚本编写和自动化测试，允许开发人员编写脚本来自动发送特定的数据序列，或根据接收到的数据执行特定的操作。

总的来说，串口调试工具是开发和测试串口通信应用程序的重要工具，它提供了必要的功能监视、调试和验证串口通信过程。本章的实验采用开源串口调试工具 Com Monitor 1.19，请读者参考。

3.4　实验过程

3.4.1　实验目的

1．验证 RS-232 的自发自收功能。
2．测试两台计算机之间的 RS-232 通信是否正常。

3.4.2　实验设备

1．两台计算机（计算机 A 和计算机 B）。
2．一个 USB 转 RS-232 公头适配器。
3．一个 USB 转 RS-232 母头适配器。
4．跳线若干根。
5．串口调试工具（已在两台计算机上安装）。

3.4.3　RS-232 自发自收测试

RS-232 自发自收测试的步骤如下。

步骤 1：选择测试计算机。选择计算机 A 进行自发自收测试。

步骤 2：检查串口连接状态。打开计算机 A 的设备管理器，在其界面的"端口（COM 和 LPT）"部分确认新连接的 USB 转 RS-232 适配器对应的 COM 端口号，如图 3-17 所示。其中的 COM6 为新连接的适配器对应的 COM 端口号。

图 3-17　计算机 A 的设备管理器界面

步骤 3：配置串口调试工具。打开计算机 A 上的串口调试工具，在其配置界面上设置串口参数，其中包括串口号、波特率、数据位、停止位、校验位等，这里需确保选择的串口号与设备管理器中显示的一致。图 3-18 展示了串口调试工具（Com Monitor 1.19）配置界面，其中串口参数设置部分已用矩形标注。

图 3-18　计算机 A 的串口调试工具配置界面

步骤 4：打开串口。单击图 3-18 所示界面的打开串口按钮，启动串口通信。这时可以看到，串口调试工具提示"串口已打开"，如图 3-19 所示。

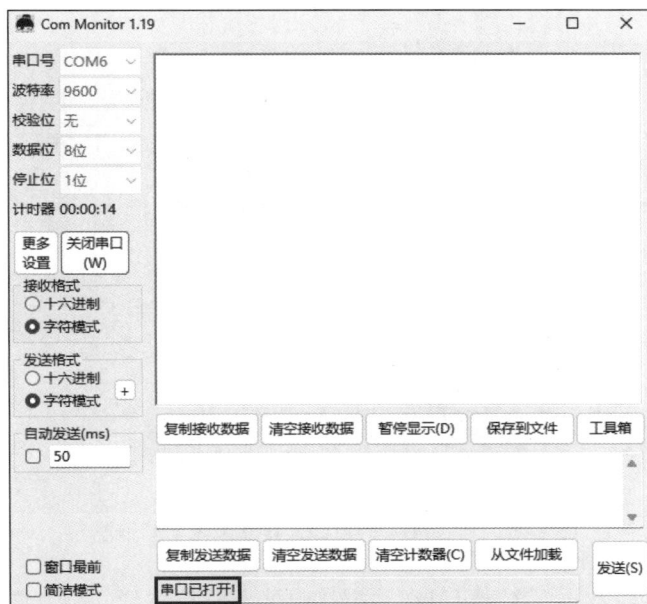

图 3-19 计算机 A 打开串口

步骤 5：发送测试数据。在发送框中输入测试数据，如"Hello, RS-232!"，并单击发送按钮，发送数据，如图 3-20 所示。

图 3-20 在计算机 A 上发送测试数据

可以发现，数据接收区域没有显示接收到数据，这是因为还没有形成一个数据回路。

步骤 6：连接跳线。使用跳线将计算机 A 的 USB 转 RS-232 公头适配器的 2 号端子（TXD）和 3 号端子（RXD）连接起来。图 3-21 展示了跳线连接适配器的实际情况。

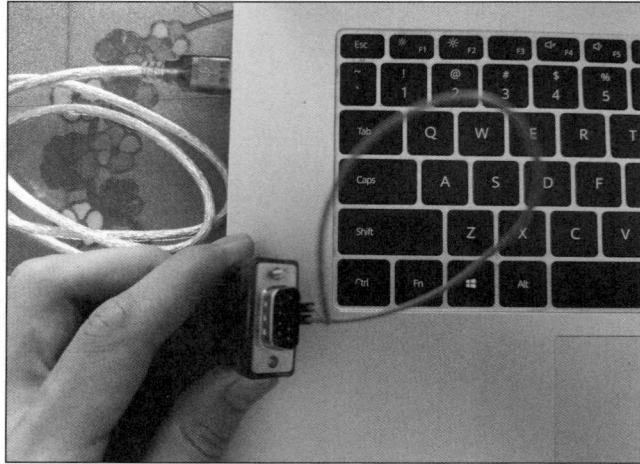

图 3-21   计算机 A 的跳线连接适配器实际情况

步骤 7：观察接收数据。这时可以在数据接收区看到接收到的与发送数据相同的内容，如图 3-22 所示。这说明计算机 A 的 RS-232 的自发自收功能正常。

图 3-22   计算机 A 收到的数据

步骤 8：断开连接。断开跳线连接，关闭串口调试工具。

3.4.4 两台计算机之间的 RS-232 通信测试

两台计算机之间的 RS-232 通信测试步骤如下。

步骤 1：连接适配器。将 USB 转 RS-232 公头适配器插入计算机 A 的一个 USB 端口，将 USB 转 RS-232 母头适配器插入计算机 B 的一个 USB 端口，将计算机 A 上的 USB 转 RS-232 公头适配器的 RS-232 接口，与计算机 B 上的 USB 转 RS-232 母头适配器的 RS-232 接口直接对插连接起来。图 3-23 展示了两台计算机通过适配器连接的实际情况。

图 3-23 两台计算机通过适配器连接的实际情况

步骤 2：检查串口连接状态。打开计算机 B 的设备管理器，在其界面的"端口（COM 和 LPT）"部分，确认新连接的 USB 转 RS-232 适配器对应的 COM 端口号，如图 3-24 所示。其中的 COM4 为新连接的适配器对应的 COM 端口号。

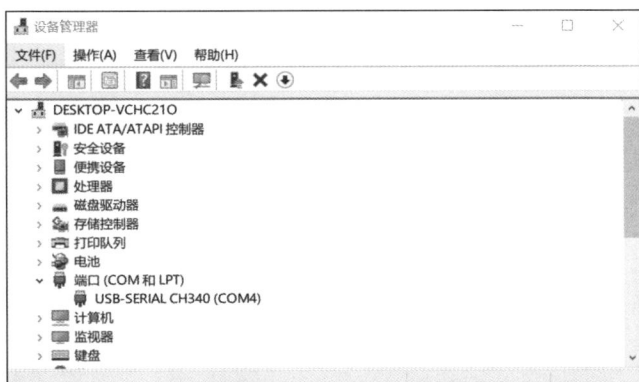

图 3-24 计算机 B 的设备管理器界面

步骤 3：配置串口调试工具。在计算机 B 上打开串口调试工具，在其配置界面上设置与计算机 A 相同的串口参数，其中包括串口号、波特率、数据位、停止位、校验位等，这里需确保选择的串口号与设备管理器中显示的一致。计算机 B 上串口调试工具（Com Monitor 1.19）配置界面如图 3-25 所示，其中串口参数设置部分已用矩形标注。

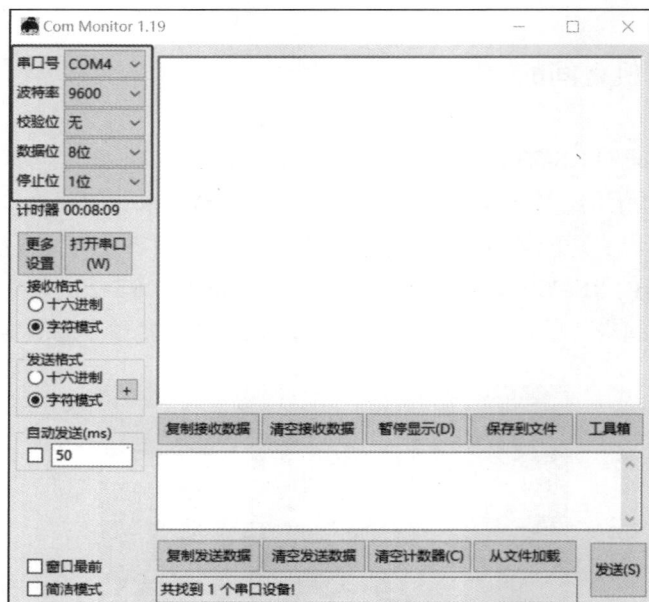

图 3-25　计算机 B 的串口调试工具配置界面

步骤 4：打开串口。在两台计算机的串口调试工具中，分别单击打开串口按钮，以启动串口通信。图 3-26 展示了计算机 B 上串口调试工具界面，其中已打开的串口状态部分已用矩形标注。

图 3-26　计算机 B 的打开串口

步骤 5：发送测试数据。在计算机 A 的串口调试工具的发送框中输入测试数据 "Hello, Computer B!"，并单击发送按钮，将数据发送出去，如图 3-27 所示。

图 3-27　计算机 A 发送数据

步骤 6：观察接收数据。在计算机 B 的串口调试工具中观察数据接收区，查看是否能接收到计算机 A 发送的数据。如果能接收到相同的内容，说明两台计算机之间的 RS-232 串口通信功能正常。图 3-28 展示了计算机 B 上串口调试工具的接收结果，其中接收到的测试数据已用矩形标注。

图 3-28　计算机 B 的接收结果

步骤 7：进行双向测试。重复执行发送测试数据（步骤 5）和观察接收数据（步骤 6）这两个步骤，这次从计算机 B 将数据发送到计算机 A，以确保双向通信都正常工作。

步骤 8：断开连接。在完成测试后，先关闭串口调试工具，然后断开 USB 转 RS-232 适配器的连接。

实验注意事项如下。

（1）在连接和断开适配器及跳线时，请小心操作，以避免损坏计算机的 USB 端口或 RS-232 适配器。

（2）如果在测试过程中遇到问题，请检查所有连接是否正确，串口参数设置是否一致。

（3）在某些情况下，可能需要安装或更新 USB 转 RS-232 适配器的驱动程序，以确保其正常工作。

3.5 习题

1．RS-232 通信传送的信号为＿＿＿＿＿，RS-485 通信传送的信号为＿＿＿＿。

2．RS-232 采用的是＿＿＿＿＿通信方式，而 RS-485 采用的是＿＿＿＿＿通信方式。

项目四 现场总线概述

4.1 项目要求

1. 了解现场总线的定义、发展历程及它在工业自动化中的应用。
2. 熟悉 CAN 的概念、特点、物理层特性和协议层结构。
3. 了解多种 CAN 收发器芯片的性能和应用场景。
4. 详细分析 CAN 帧的构成、类型及仲裁机制，理解它在总线通信中的作用。

4.2 学习目标

1. 全面了解现场总线技术的概念、原理和应用。
2. 深入理解 CAN 的特性、物理层和协议层结构。
3. 掌握多种 CAN 收发器芯片的性能特点和选择依据。
4. 掌握 CAN 帧的构成、类型及仲裁机制。

4.3 相关知识

4.3.1 现场总线简介

1. 现场总线定义

顾名思义，现场总线是一种应用于生产底层的总线拓扑网络。具体而言，这种总线被设计用于现场控制系统，直接以串行方式连接所有受控设备节点，形成一个通信网络。工业自动化控制的现场范围广泛，小到单一家电设备，大到车间乃至整个工厂。在这样的环境中，受控设备和网络可能面临复杂多变的情况，信号干扰来源多样，这要求控制系统必须具备极高的实时性。这些特点使现场总线与普通网络相比，具有显著的区别和特定的技术要求。

2. 工业控制系统的发展

最初，工业控制完全依赖操作人员的操作。后来，随着技术的进步，检测仪表被引入，以显示设备的工作状态。然而，这些仪表的信号通常无法传输给其他仪表或设备，导致各个测控点之间形成"信息孤岛"，无法进行有效的信息交流。操作人员只能在现场巡视，以全面了解生产过程的状况。随着生产规模的日益扩大，工业控制对操作人员的要求也随之提高。他们需要能够综合掌握多个运行参数，并基于这些参数进行操作控制，因此，人们开始将现场各处的仪表参数通过通信管线集中传输至一个控制室，以实现集中监控。在这个过程中，为了确保系统的兼容性和稳定性，人们制定了统一的参数标准（如模拟信号标准）。在控制室中，操作人员可以清晰地了解生产流程中各环节的实时状况，并根据需要对各单元仪表的信号进行灵活组合。必要时，他们还可以通过发送模拟信号远程调控设备。这样，集中式的自动控制系统逐渐形成并发展完善起来。

早期的自动控制系统主要基于模拟信号，这种系统需要一对一的物理连接，不仅计算速度和精度较低，而且信号传输的抗干扰能力也较差。随着数字信号和数字控制技术的出现，集中式数字控制系统应运而生。随着计算机可靠性的提升和价格的大幅下降，数字调节器、可编程控制器以及由多台计算机递阶构成的集中和分散相结合的集散控制系统相继出现，这些系统实现了模拟与数字的混合控制。自动控制领域的发展已越来越依赖计算机技术的进步。

计算机的微型化为测控仪表的智能化提供了必要条件。带微处理器的受控终端设备不仅具备复杂的数字计算功能，还具备良好的数字通信能力。这使得现场设备不仅能够与控制中心及其他系统设备相互通信，还能实现基本的分析判断和直接调控终端的功能。智能化的测控仪表设备与数字化的网络通信技术共同为现场总线的发展奠定了坚实基础。

现代化生产的需求也推动了现代控制理论的发展。自动控制技术已从单变量控制扩展到多变量控制，从局部的自动调节发展到全局的最优控制。控制对象既复杂又分散，且往往并行、独立工作，但整体上它们是相互关联的有机组合，这要求系统能实时同步地采集每个设备的状态信息，进行综合分析、推理和判断，并发出最佳控制决策，因此，一个控制系统要具备高度的可靠性和灵活性，这是其生存的必要条件。分布式工业控制系统正是为了适应这种需求而发展起来的。

3. 现场总线技术

传统的控制系统难以实现设备之间以及系统与外界之间的信息交换，形成了一个"信息孤岛"。为了满足自动控技术现代化的要求，同时实现整个企业的信息集成，实施综合自动化，就必须设计出一种能在工业现场环境中运行，且性能可靠、造价低廉的通信系统，构建工厂底层网络，实现现场自动化设备之间的多点数字通信，从而完成底层现场设备之间以及生产现场与外界的信息交换。现场总线就是在这种实际需求的驱动下应运而生的。

现场总线控制系统既是一个开放通信网络，又是一种全分布控制系统。它作为智能设备的联系纽带，把挂接在总线上、作为网络节点的智能设备连接为网络系统，并进一步构成自动化系统，实现基本控制、补偿计算、参数修改、报警、显示、监控、优化及控管一体化的综合自动化功能。这是一项集嵌入式系统、控制、计算机、数字通信、网络为一体的综合技术。

现场总线也可以说是工业控制与计算机网络技术融合的产物。然而，从纯理论的角度看，它应属于网络范畴，但现有的网络技术并不完全能够满足工业现场控制系统的特殊要求。无论是从网络的结构、协议、实时性，还是适应性、灵活性、可靠性乃至成本等方面，工业控制的底层都有其特殊性。现场总线按规模来看，应属于局域网，它虽然简单，但能满足现场的需要。它传输的数据帧短小，网络结构层次少，这有助于提升实时性并降低受干扰的风险。然而，现场的环境干扰因素众多，有些影响很大且带突发性，这些决定了现场总线必须是一个具有自己特色的新型领域。

4.3.2　CAN 概述

1．CAN 简介

控制器局域网（CAN，controller area network），是德国 Bosch 公司于 1986 年专为解决现代汽车中众多测量与控制部件间的数据交换问题而开发的一种串行数据通信总线，是世界上被广泛应用的现场总线之一。尽管 CAN 最初是专为汽车电子系统设计，但它在技术与性价比方面具有显著优势，应用领域已远远超出了汽车行业，广泛渗透至航天、电力、石化、冶金、纺织、造纸、仓储等多个行业。

2．CAN 特点

与其他同类总线技术相比，CAN 在可靠性、实时性和灵活性方面展现出了独特的优势，主要如下。

（1）CAN 上的任一节点均可在任意时刻主动地向其他节点发起通信，节点间无主从之分，通信方式极为灵活。

（2）CAN 能根据节点信息对实时性要求的紧迫程度，自动将信息分成不同的优先级。最高优先级的数据可在最短时间内（最多 134 ms）得到传输，以满足严格的控制信息通信需求。

（3）CAN 采用载波监听多路访问和逐位仲裁的非破坏性总线仲裁技术，确保多个节点同时向总线发送报文发生冲突时，优先级较低的节点会主动退出发送，而较高优先级的节点能不受影响地继续传输数据，从而显著节省总线冲突仲裁的时间。

（4）CAN 通过报文滤波即可实现点对点、一点对多点及广播等多种方式的数据传送与接收，无须专门的调度机制。

（5）CAN 的通信距离和速率具有较宽的适应性：直接通信距离最远可达 10 km（传输速率在 5 kbit/s 以下），传输速率最高可达 1 Mbit/s（此时通信距离最长为 40 m）。

（6）CAN 的节点规模主要受限于总线驱动电路的设计，目前可支持多达 110 个节点；报文标识符在 CAN 2.0A 标准下可达 2032 种，在扩展标准（CAN 2.0B）下的数量则几乎不受限制。

（7）CAN 采用短帧结构，传输时间短，因此受外界干扰的概率低，并具有极好的检错效果。

（8）CAN 节点内置了强大的出错检测、标定和自检功能。这些措施包括发送自检、循环冗余校验、位填充和报文格式检查，从而降低了数据出错率。

（9）CAN 的通信介质选择灵活，可以是双绞线，也可以同轴电缆或光纤。

（10）CAN 器件可设置为无内部活动的睡眠模式，以降低系统功耗。睡眠状态可通过总线激活或系统内部条件触发的方式被唤醒。

（11）在错误严重的情况下，CAN 节点具备自动关闭输出功能，以确保总线上其他节点的正常运行，不受影响。

3．CAN 应用场景

在汽车工业方面 CAN 控制模块在汽车工业中得到广泛应用，负责车辆电子系统的控制和通信。例如，CAN 控制模块能够将车辆的引擎控制单元、仪表板、制动系统和安全气囊系统等关键部件连接起来，实现高效的信息传输与指令执行。

在工业自动化方面，在工厂自动化领域，CAN 控制模块发挥着至关重要的作用。通过该模块，不同类型的设备和机器能够实现实时的通信和数据交换，显著减少了人工干预，提高了生产效率，推动了工业自动化向更高水平发展。

在智能家居方面，在智能家居系统中，CAN 控制模块作为关键组件，使各类系统和设备，如照明系统、安防系统及家电设备等得以联网并实现智能化控制。用户只需通过统一的控制平台，便能轻松实现家居设备的集中控制与远程监控，从而显著提升家居生活的安全性与舒适度。

4.3.3　CAN 物理层

1．物理层特性

这里以汽车工业中的应用场景为例，介绍 CAN 物理层的特性——低速 CAN/高速 CAN。目前，汽车上的网络连接方式主要依赖两条 CAN 总线：一条是高速 CAN，专门用于动力系统，其传输速率高达 500 kbit/s；另一条是低速 CAN，服务于车身系统，速率为 100 kbit/s。动力系统主要包括变速箱和安全气囊控制器等核心部件，这些部件共同实现与汽车行驶直接相关的功能。相比之下，车身系统则专注控制汽车内外部照明、灯光信号连接空调、组合仪表及其他辅助电器设备。动力系统和车身系统不仅实现了各部件之间的资源共享，还将各数据总线的信息反馈至仪表盘上，使驾驶者能够一目了然地掌握各电控装置的工作状态。

汽车计算机控制系统涵盖了发动机控制、变速器控制、巡航控制、制动控制、照明控制、空调控制、雨刷控制及仪表管理系统等多个子系统。这些子系统的电控单元（ECU）之间联系紧密，需要频繁进行实时数据通信。CAN 作为一种极具应用前景的现场总线，近年来在汽车计算机控制系统中得到了广泛应用，引领着汽车电子控制网络的主流发展。

在汽车计算机控制系统中，所有子控制系统通过 CAN 构成一个实时控制系统网络。为了确保系统稳定运行，各控制单元的指令必须在规定时间内得到响应，这就要求汽车上的 CAN 通信网络具备高波特率和高度可靠性。

汽车在实际运行过程中，各节点之间需要进行大量的实时数据交换，若将所有节点都连接在同一 CAN 通信网络上，可能会导致总线负荷过重，进而影响系统实时响应速度。因此，根据各节点对实时性的不同需求，汽车上设计了两个不同传输速率的 CAN 通信网络。其中，高速 CAN 通信网络专为实时性和可靠性要求高的节点设计，而低速 CAN 通信网络则用于连接其他实时性要求相对较低的节点。这两个传输速率不同的 CAN 通信网络之间通过网关实现数据共享，确保汽车各系统之间的协同工作。汽车 CAN 网络拓扑结构如图 4-1 所示。

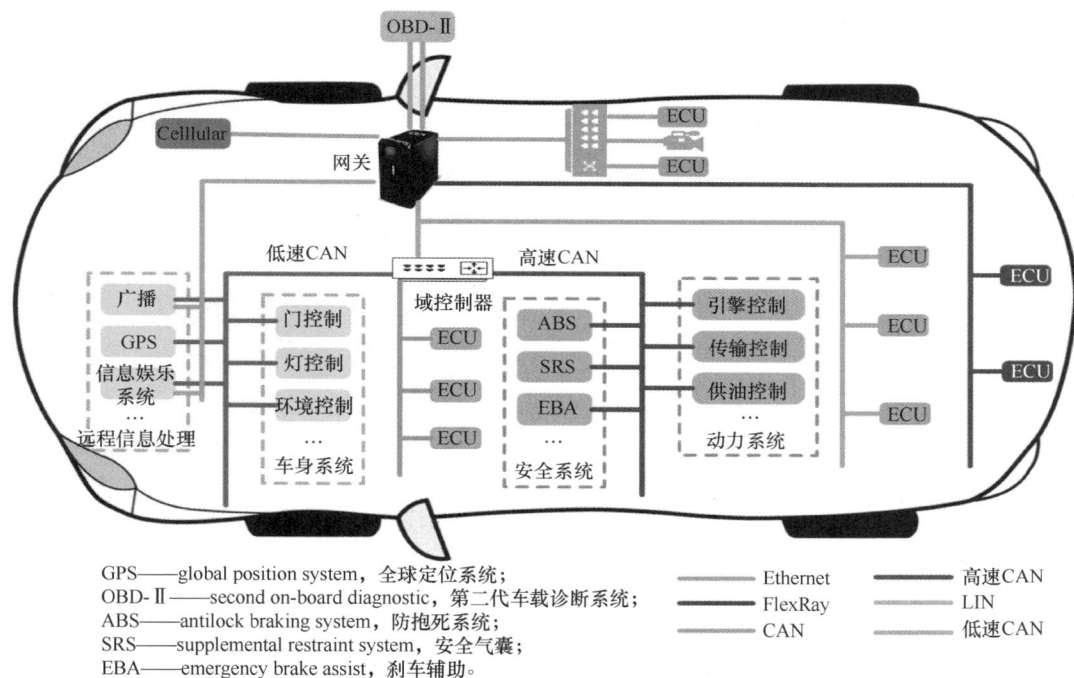

GPS——global position system，全球定位系统；
OBD-Ⅱ——second on-board diagnostic，第二代车载诊断系统；
ABS——antilock braking system，防抱死系统；
SRS——supplemental restraint system，安全气囊；
EBA——emergency brake assist，刹车辅助。

图 4-1　汽车 CAN 网络拓扑结构

2. PCA82C250/251CAN 总线收发器

目前，世界众多半导体生产商推出了独立的 CAN 通信控制器，有的半导体生产商（如 Intel、NEC、ST 和 TI 等）甚至推出了内嵌 CAN 通信控制器的 MCU、DSP 和 ARM 微控制器。下面以 PCA82C250/251 为例，介绍 CAN 总线收发器的相关内容。

PCA82C250/251 作为协议控制器与物理传输线路之间的桥梁，具备向总线提供差动发送以及向 CAN 控制器提供差动接收功能，适用于汽车领域以及其他工业应用。

（1）PCA82C250/251 特性

① 完全符合 ISO 11898 标准。

② 高速传输速率（最高可达 1 Mbit/s）。

③ 具备抵御汽车环境中瞬时干扰的能力。

④ 通过调节斜率，可减少射频干扰。

⑤ 具备强大的抗干扰能力，能够抵御宽范围的共模干扰以及电磁干扰。

⑥ 热保护功能。

⑦ 避免电源与地之间出现短路的情况。

⑧ 低电流待机模式。

⑨ 未上电的节点不会对总线产生影响。

⑩ 能够连接多达 110 个节点。

⑪ 工作温度范围：−40～+125 ℃。

（2）PCA82C250/251 功能

PCA82C250/251 的功能框架如图 4-2 所示。

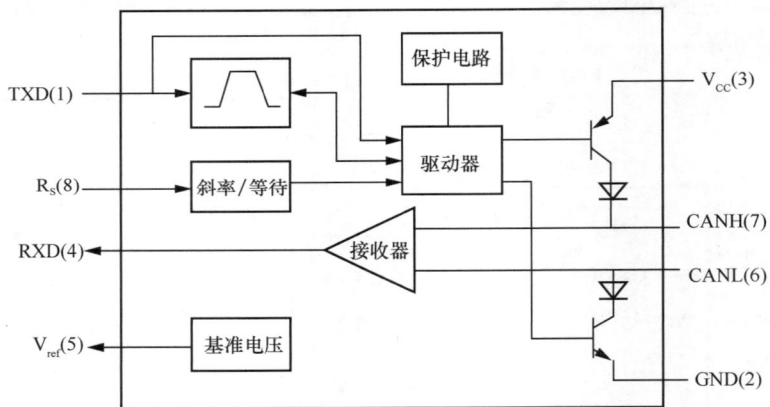

图 4-2　PCA82C250/251 功能框架

PCA82C250/251 驱动电路内部集成了限流功能，能够有效防止发送输出级与电源、地或负载之间发生短路。尽管短路会导致功耗增加，但这并不会导致输出级损坏。当结温超过 160 ℃时，两个发送器输出端的极限电流会减小，由于发送器是功耗的主要来源，这一措施有效限制了芯片的温升。在此期间，器件的其他部分仍可正常工作。此外，PCA82C250/251 采用双线差分驱动方式，这有助于抑制汽车等恶劣电气环境下产生的瞬变干扰。

引脚 R_S 用于选择 PCA82C250/251 的工作模式。有 3 种不同的工作模式可供选择：高速、斜率控制和待机。

对于高速工作模式，发送器输出级晶体管被尽可能快地启动和关闭。在这种模式下，不采取任何措施限制上升和下降的斜率。此时，建议采用屏蔽电缆以避免射频干扰问题的出现。通过把引脚 R_S 接地可选择高速工作模式。

在斜率控制模式中，对于较低速度或较短的总线长度，可使用非屏蔽双绞线或平行线作总线。为降低射频干扰，应限制上升和下降的斜率。上升和下降的斜率可以通过由引脚8至地连接的电阻进行控制，斜率正比引脚 R_S 上的电流输出。

如果引脚 R_S 接高电平，则电路进入待机模式。在这种模式下，发送器被关闭，接收器转至低电流。如果检测到显性位，RXD 将转至低电平。微控制器应通过引脚 8 将驱动器变为正常工作状态来对这个条件做出响应。由于在待机模式下接收器是慢速的，因此将丢失第一个报文。

利用 PCA82C250/251 还可方便地在 CAN 控制器与驱动器之间建立光电隔离，以实现总线上各节点间的电气隔离。

双绞线并不是 CAN 唯一可选的传输介质。利用光电转换接口器件及星形光纤耦合器，便可建立光纤介质的 CAN 通信网络。此时，光纤中有光表示显性位，无光表示隐性位。

利用 CAN 控制器的双相位输出模式，通过设计适当的接口电路，也不难实现人们希望的电源线与 CAN 通信线的复用。另外，CAN 协议中的错误检出及自动重发功能为建立高效的基于电力线载波或无线电介质（这类介质往往存在较强的干扰）的 CAN 通信系统提供方便。

（3）PCA82C250/251 引脚

PCA82C250/251 分为 8 引脚 DIP 和 SO 两种封装，引脚如图 4-3 所示。

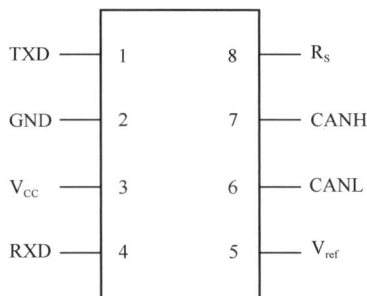

图 4-3　PCA82C250/251 引脚

引脚介绍如下。

TXD：发送数据输入。

GND：地线。

V_{CC}：电源电压范围为 4.5～5.5 V。

RXD：接收数据输出。

R_S：斜率电阻输入。

CANL：低电平 CAN 电压输入/输出。

CANH：高电平 CAN 电压输入/输出。

V_{ref}：参考电压输出。

PCA82C250/251 是协议控制器和物理传输线路之间的接口。如在 ISO 11898 标准中描述的，它们可以用高达 1 Mbit/s 的位速率在两条有差动电压的总线电缆上传输数据。这两个器件都可以在额定电源电压分别是 12 V（PCA82C250）和 24 V（PCA82C251）的 CAN 总线系统中使用。它们的功能相同，根据相关的标准，可以在汽车和普通的工业应用上使用。PCA82C250 和 PCA82C251 还可以在同一网络中互相通信，它们的引脚和功能也是兼容的。

（4）PCA82C250/251 应用电路

PCA82C250/251 收发器的应用电路如图 4-4 所示。CAN 控制器 SJA1000 的串行数据输出线（TX）和串行数据输入线（RX）分别通过光电隔离电路连接至 PCA82C250。PCA82C250 通过有差动发送和接收功能的两个总线终端 CANH 和 CANL 连接到总线电缆。输入 R_S 用于模式控制。参考电压输出， V_{ref} 的输出电压值 = 0.5 × 额定 V_{CC}，其中，PCA82C250 的额定电源电压是 5 V。

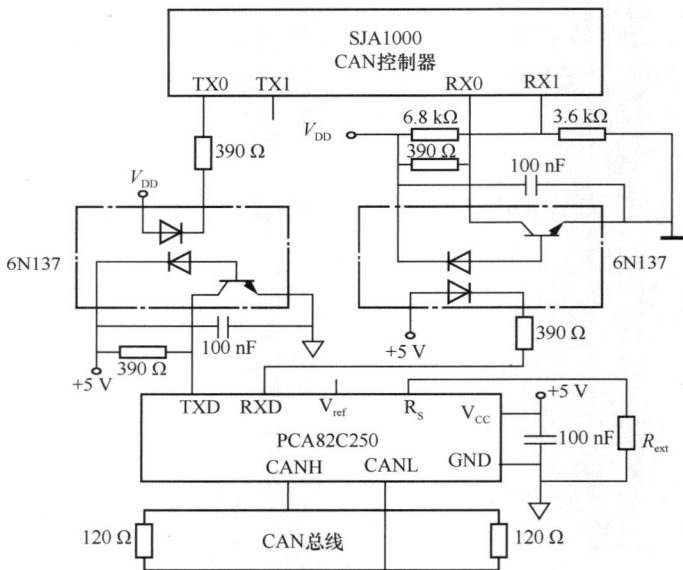

图 4-4　PCA82C250/251 的应用电路

4.3.4　CAN 协议层

1．CAN 数据帧

在进行数据传送时，发出报文的单元称为该报文的发送器。该单元在总线空闲或丢失仲裁前一直为发送器。如果该单元不发送报文，并且总线不处于空闲状态，则它为接收器。

对于报文发送器和接收器，报文的实际有效时刻是不同的。对于发送器而言，如果直到数据帧结束的最后一位一直未出错，则报文对发送器有效。对于接收器而言，如果直到帧结束的最后一位一直未出错，则报文对接收器有效。

构成一帧的帧起始、仲裁场、控制场、数据场和 CRC 序列均采用位填充规则进行编码。当发送器在发送的位流中检测到 5 位连续的相同数值时，它将自动在实际发送的位流中插入一个补码位。位填充规则示例如图 4-5 所示。

未填充位流　　　$100000xyz$　　　$011111xyz$

填充位流　　　　$1000001xyz$　　　$0111110xyz$

其中：$x, y, z \in \{0,1\}$

图 4-5　位填充规则示例

报文中的位流按照不归零（NRZ，non-return-to-zero）码进行编码，这意味着一个完整位的位电平要么是显性，要么是隐性。

报文传送由 4 种不同类型的帧进行表示和控制：数据帧携带数据，由发送器发送至接收器；远程帧通过总线单元发送，以请求发送具有相同标识符的数据帧；出错帧由检测出总线错误的任何单元发送；超载帧用于提供当前和后续的数据帧的附加时延。

（1）数据帧

数据帧由 7 个不同的位场组成，即帧起始、仲裁场、控制场、数据场、CRC 场、应答场和帧结束，其中，数据场长度可为 0。CAN 2.0A 数据帧的组成如图 4-6 所示。

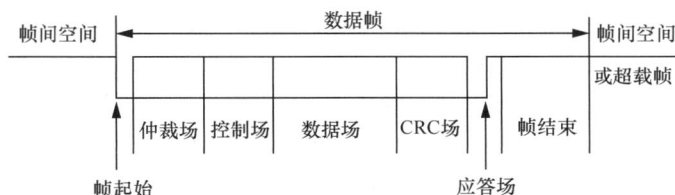

图 4-6　CAN 2.0A 数据帧组成

CAN 2.0B 中存在两种不同的帧格式，它们的主要区别在于标识符的长度。具有 11 位标识符的数据帧称为标准帧，而包括 29 位标识符的数据帧称为扩展帧。数据帧标准格式和扩展格式的区别如图 4-7 所示。

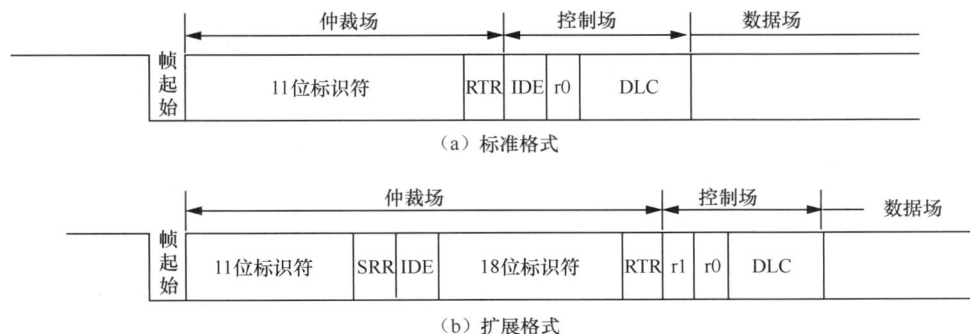

图 4-7　数据帧标准格式和扩展格式的区别

为使控制器设计相对简单，人们并不要求控制器执行完整的扩展格式，但必须不加限制地执行标准格式。例如，控制器至少具有下列特性，才可被认为同 CAN 技术规范兼容：

- 每个控制器均支持标准格式；
- 每个控制器均可接收扩展格式报文，即不至于因为它们格式的限制而破坏扩展帧。

CAN 2.0B 对报文滤波特别加以描述，报文滤波以整个标识符为基准。屏蔽寄存器可用于选择一组标识符，以便映像至接收缓存器中。屏蔽寄存器的每一位都必须是可编程的。

① 帧起始：标志数据帧和远程帧的起始，仅由一个显性位构成。只有当总线处于空闲状态时，站才可以开始发送报文。所有站都必须同步于先开始发送的那个站的帧起始前沿。

② 仲裁场：由标识符和 RTR 位组成。仲裁场组成如图 4-8 所示。

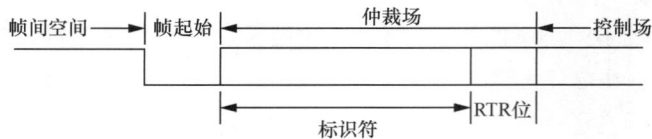

图 4-8　仲裁场组成

对于 CAN 2.0B，标识符的长度为 11 位，这些位以从高位到低位的顺序发送，最低位为 ID.0，其中高位 ID.10～ID.4 不能全为隐性位。

RTR 位在数据帧中必须是显性位，而在远程帧中必须为隐性位。

CAN 2.0B 标准格式和扩展格式的仲裁场格式有所不同。在标准格式中，仲裁场由 11 位标识符和 RTR 位组成，其中的标识符位为 ID.28～ID.18。而在扩展格式中，仲裁场由 29 位标识符和 SRR 位、IDE 位及 RTR 位组成，其中的标识符位为 ID.28～ID.0。

SRR 位为隐性位。在扩展格式中，它在对应标准格式的 RTR 位的位置上被发送，并替代标准格式中的 RTR 位。这样，标准格式和扩展格式的冲突由于扩展格式的基本 ID 与标准格式的 ID 相同而得到解决。

IDE 位在扩展格式中属于仲裁场，在标准格式中属于控制场。IDE 位在标准格式中以显性电平发送，而在扩展格式中为隐性电平。

③ 控制场：由 6 位组成，如图 4-9 所示。

图 4-9　控制场组成

由图 4-9 可见，控制场包括数据长度码和两个保留位，这两个保留位必须发送显性位。

数据长度码指出数据场的字节数。数据长度码为 4 位，在控制场中被发送。数据长度码中数据字节数编码见表 4-1，其中，d 表示显性位，r 表示隐性位。数据字节数允许使用的值为 0～8，不能使用其他值。

表 4-1　数据长度码中数据字节数编码

数据字节数	数据长度码			
	DLC3	DLC2	DLC1	DLC0
0	d	d	d	d
1	d	d	d	r
2	d	d	r	d
3	d	d	r	r
4	d	r	d	d
5	d	r	d	r
6	d	r	r	d
7	d	r	r	r
8	r	d	d	d

④ 数据场：由数据帧中被发送的数据组成，可包括 0～8 个字节，每个字节有 8 位。首先发送的是数据场的最高有效位。

⑤ CRC 场：包括 CRC 序列和 CRC 界定符。CRC 场结构如图 4-10 所示。

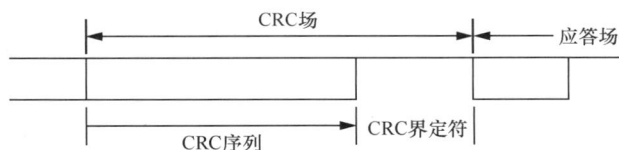
图 4-10　CRC 场结构

CRC 序列由循环冗余码求得的帧检查序列组成，适用于位数小于 127（BCH 码）的数据帧。为了实现 CRC 计算，被除的多项式系数由包括帧起始、仲裁场、控制场、数据场（若有）在内的无填充的位流给出，并和发生器产生的多项式（如下所示）相除（系数为模 2 运算）。

$$X^{15}+X^{14}+X^{10}+X^9+X^7+X^4+X^3+1$$

CRC 序列的后面是 CRC 界定符，它只包括一个隐性位。

⑥ 应答场：包括应答间隙和应答界定符，其组成如图 4-11 所示。

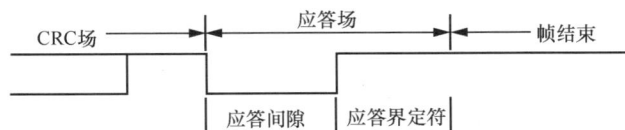
图 4-11　应答场组成

在应答场中，发送器发送两个隐性位。一个正确地接收到有效报文的接收器在应答间隙，将信息通过发送一个显性位报告给发送器。所有接收到匹配 CRC 序列的站通过在应答间隙内，把显性位写入发送器的隐性位实现报告。

应答界定符是应答场的第二位，并且必须是隐性位，因此，应答间隙被两个隐性位（CRC 界定符和应答界定符）包围。

⑦ 帧结束。每个数据帧和远程帧均由 7 个隐性位组成的标志序列界定。

（2）远程帧

激活为接收器的站可以借助发送一个远程帧来初始化各自源节点数据的发送。远程帧由 6 个不同分位场组成：帧起始、仲裁场、控制场、CRC 场、应答场和帧结束，如图 4-12 所示。

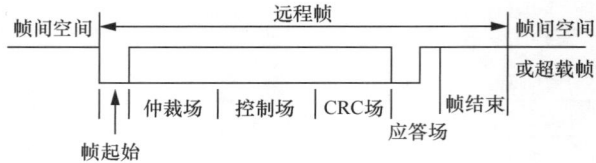

图 4-12　远程帧的组成

同数据帧相反，远程帧的 RTR 位是隐性位。远程帧不存在数据场。DLC 位的数据值是没有意义的，它可以是 0～8 中的任何值。

（3）出错帧

出错帧由两个不同场组成，第一个场由通过各帧的错误标志叠加得到，第二个场是错误界定符。出错帧的组成如图 4-13 所示。

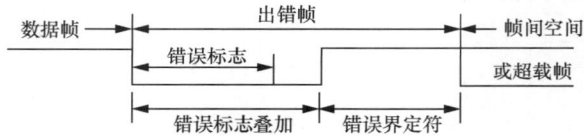

图 4-13　出错帧的组成

为了正确地终止出错帧，一种"错误认可"站可以使总线处于空闲状态至少 3 个位时间（如果错误认可接收器存在本地错误），因而总线不允许被加载至 100％。

错误标志具有两种形式，一种是活动错误标志（active error flag），另一种是认可错误标志（passive error flag）。活动错误标志由 6 个连续的显性位组成。而认可错误标志由 6 个连续的隐性位组成，除非被来自其他节点的显性位冲掉重写。

（4）超载帧

超载帧的组成如图 4-14 所示。

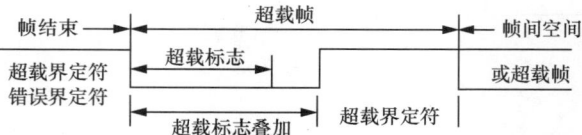

图 4-14　超载帧的组成

超载帧存在两种导致发送超载标志的超载条件：一个是要求延迟下一个数据帧或远程帧接收器的内部条件；另一个是在间歇场检测到显性位。由前一个超载条件引起的超载帧起点仅允许在期望间歇场的第一位时间开始，而由后一个超载条件引起的超载帧在检测到显性位的后一位开始。在大多数情况下，为了延迟下一个数据帧或远程帧，两种超载帧均可产生。

超载标志由 6 个显性位组成。超载标志形式破坏了间歇场的固定格式，因而，所有其他站都将检测到一个超载条件，并且由它们开始发送超载标志（在间歇场第三位期间检测到显性位的情况下，节点将不能正确理解超载标志，而将 6 个显性位的第一位理解为帧起始）。第 6 个显性位违背了引起出错误条件的位填充规则。

超载界定符由 8 个隐性位组成。超载界定符与错误界定符具有相同的形式。发送超载标志后，站监视总线检测到由显性位到隐性位的发送。在此站点上，总线上的每一个站均完成送出其超载标志，并且所有站同时开始发送剩余的 7 个隐性位。

（5）帧间空间

数据帧和远程帧借助帧间空间和当前帧分开，而当前帧可以是数据帧、远程帧、出错帧或超载帧中的任何一个。相反，超载帧和出错帧前面没有帧间空间，并且多个超载帧前面也不被帧间空间分隔。

帧间空间包括间歇场和总线空闲场，对于前面已经发送报文的"错误认可"站还有暂停发送场。对于非"错误认可"或已经完成前面报文的接收器，其帧间空间如图 4-15 所示。

图 4-15　非"错误认可"的帧间空间

对于已经完成前面报文发送的"错误认可"站，其帧间空间如图 4-16 所示。

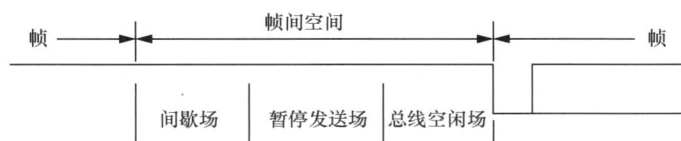

图 4-16　"错误认可"的帧间空间

间歇场由 3 个隐性位组成。间歇期间不允许启动发送数据帧或远程帧，它仅起标注超载条件的作用。

总线空闲场的周期可为任意长度。此时，总线是开放的，因此任何需要发送报文的站均可访问总线。在其他报文发送期间，暂时被挂起的待发报文紧随间歇场从第一位开始发送，此时总线上的显性位被理解为帧起始。

暂停发送场是指"错误认可"站发完一个报文后，在开始下一次报文发送或认可总线空闲之前，它紧随间歇场后发送出 8 个隐性位。如果期间开始一次发送报文（由其他站引起），本站将变为报文接收器。

2．CAN 总线仲裁

当同时有两个及以上设备想使用总线时，由于总线同时只允许一个设备进行操作，所以需要进行总线仲裁。仲裁胜出的设备可以使用总线，没有得到使用权的设备只能监听总线上的数据。

总线仲裁只发生在总线空闲时有多个设备同时竞争的情况下，如果当前总线已经有设备在使用，那么总线仲裁是不存在的。

总线仲裁在协议层是通过帧 ID 来进行仲裁的。帧 ID 越小，优先级越高。

CAN 总线是非破坏性仲裁，仲裁过程不会额外消耗时间。

4.3.5　CAN FD 简介

随着现场总线在汽车电子领域越来越广泛和深入的应用，特别是自动驾驶技术的迅速发展，汽车电子对总线宽度和数据传输速率的要求也越来也高，传统的 CAN 已难以满足日益增加的需求。因此，Bosch 发布了新的 CAN FD（CAN with flexible data rate）标准。CAN FD 继承了 CAN 的绝大多数特性，如同样的物理层、双线串行通信协议、基于非破坏性仲裁技术、分布式实时控制、可靠的错误处理和检测机制等。同时，CAN FD 弥补了 CAN 在总线带宽和数据长度方面的不足。

目前，国际标准化组织（ISO）已经正式认可 CAN FD，并无反对票通过 ISO 11898—1 作为国际标准草案。

CAN FD 具有以下优点。

增加了数据的长度：CAN FD 的每个数据帧最多支持 64 个数据字节，而传统 CAN 最多支持 8 个数据字节。这减少了协议开销，并提高了协议效率。

增加传输的速度：CAN FD 支持双比特率，这与传统 CAN 一样，标称（仲裁）比特率限制为 1 Mbit/s，而数据比特率则取决于网络拓扑/收发器。实际上，CAN FD 可以实现高达 5 Mbit/s 的数据比特率。

更好的可靠性：CAN FD 使用改进的 CRC 和受保护的填充位计数器，从而降低了未被检测到的错误风险。这在汽车和工业自动化等安全攸关的应用中至关重要。

平滑过渡：在一些特定的情况下，CAN FD 能用在仅使用传统 CAN 的电控单元上，这样原始设备制造商就可以逐步引入 CAN FD 节点，从而简化程序和降低成本。

4.4　实验过程

4.4.1　ICSim 模拟器

ICSim 模拟器（简称 ICSim）是一个用于模拟车辆仪表集群的工具，专门为 SocketCAN 设计。SocketCAN 是 Linux 内核中的一个模块，用于支持 CAN 接口。

ICSim 的主要特点包括以下几个。

仪表集群模拟：ICSim 可以模拟车辆仪表盘，包括速度表、转速表、燃油表等，这对于开发和测试基于 CAN 总线的汽车电子系统非常有用。

与 SocketCAN 集成：ICSim 与 Linux 的 SocketCAN 接口集成，允许用户通过标准的 SocketCAN 工具与模拟器进行通信和调试。

教育和开发：它是汽车网络和协议学习的一个极佳工具，可以帮助工程师、研究人员和学生理解 CAN 总线的工作原理和应用。

ICSim 使用场景包括以下几种。

软件开发：在开发车辆电子控制单元时，可以使用 ICSim 进行初步测试，而无须实际的车辆硬件。

教学和培训：提供一个虚拟的车辆环境，便于 CAN 总线通信教学。

调试和验证：与实际车辆硬件的连接前，先在模拟环境中验证通信和功能。

4.4.2　创建虚拟 CAN 接口

在 Linux 上使用虚拟 CAN 接口之前，需要先在终端执行以下 4 个步骤以启用 CAN 接口，执行结果如图 4-17 所示。

步骤 1：加载 vcan 内核模块。

```
zhangsan@ubuntu:~$ sudo modprobe vcan
```

步骤 2：创建虚拟 CAN 接口。

```
zhangsan@ubuntu:~$ sudo ip link add dev vcan0 type vcan
```

步骤 3：将虚拟 CAN 接口设置为处于在线状态。

```
zhangsan@ubuntu:~$ sudo ip link set up vcan0
```

步骤 4：验证 CAN 接口状态。

```
zhangsan@ubuntu:~$ ip addr | grep can
4: vcan0: NOARP,UP,LOWER UP> mtu 72 qdisc noqueue state UNKNOWN group default qlen
1000
```

图 4-17　创建虚拟 CAN 接口的执行结果

通过图 4-17 可以看到，虚拟 CAN 接口已被启用。

4.4.3　使用 can-utils 测试 CAN 通信

基于创建的虚拟 CAN 接口，我们测试一下 CAN 的通信情况。can-utils 是一个命令行工具，可以帮助完成这一任务。执行以下命令安装 can-utils 工具包，安装过程如图 4-18 所示。

```
zhangsan@ubuntu:~$ sudo apt install can-utils
```

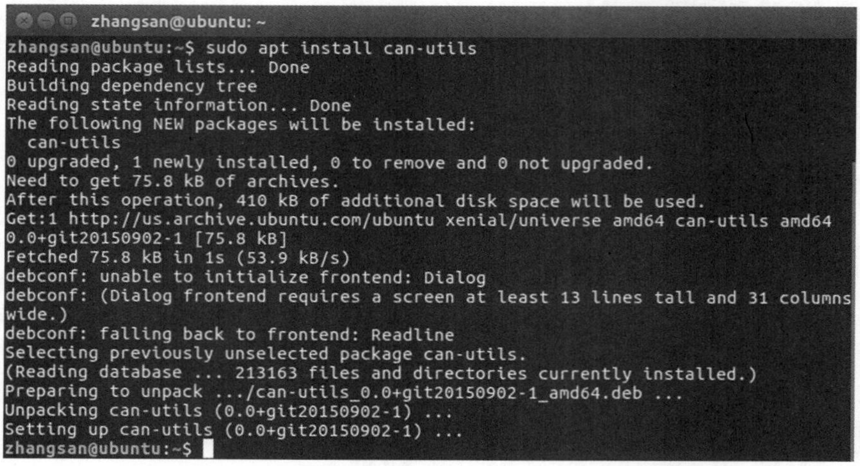

图 4-18　can-utils 安装过程

接下来，我们打开两个终端，一个用来查看所有的 CAN 消息，另一个用来发送 CAN 消息。

4.4.4　查看 CAN 信息

在第一个终端中，使用以下命令查看当前监听的 CAN 消息，执行结果如图 4-19 所示。

```
zhangsan@ubuntu:~$ candump -tz vcan0
```

图 4-19　candump 监听消息 1

4.4.5　发送 CAN 信息

在第二个终端中，使用以下命令模拟发送 CAN 请求，执行结果如图 4-20 所示。

```
zhangsan@ubuntu:~$ cansend vcan0 123#00FFAA5501020304
```

图 4-20　启动 cansend 发送消息

在发送完 CAN 请求后，我们可以在第一个查看 CAN 消息的终端中再次执行查看命令，这时会看到发送的 CAN 消息，如图 4-21 所示。

图 4-21　candump 监听消息 2

从上面的输出可以验证使用新创建的 vcan0 虚拟 CAN 接口可以正常进行 CAN 通信。

4.4.6　ICSim 模拟器的使用

安装依赖包和 ICSim，具体命令如下。由于安装过程打印的日志量较大，这里不列出过程图片。

```
zhangsan@ubuntu:~$ sudo apt-get install libsdl2-dev libsdl2-image-dev Reading
package lists... Done
zhangsan@ubuntu:~$ sudo apt install git
zhangsan@ubuntu:~$ git clone https://g****.com/zombieCraig/ICSim.git
zhangsan@ubuntu:~$ cd ICSim
zhangsan@ubuntu:~/ICSim$ sudo make
```

4.4.7　启动仪表盘模拟器

执行以下命令启动仪表盘模拟器，执行结果如图 4-22 所示。

```
zhangsan@ubuntu:~/ICSim$ ./icsim vcan0
```

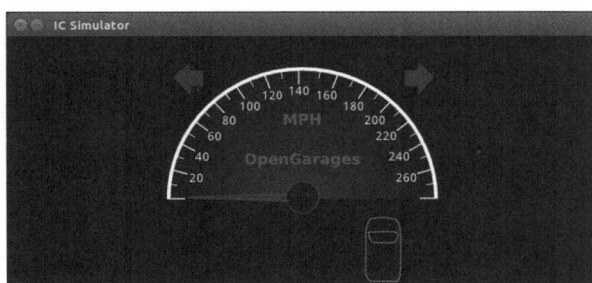

图 4-22　启动仪表盘模拟器执行结果

4.4.8　启动仪表盘控制器

执行以下命令打开一个新的终端，启动仪表盘控制器，执行结果如图 4-23 所示。

```
# 进入到 ICSim 目录
zhangsan@ubuntu:~$ cd ICSim/
```

```
# 启动仪表盘控制器
zhangsan@ubuntu:~/ICSim$ ./controls vcan0
```

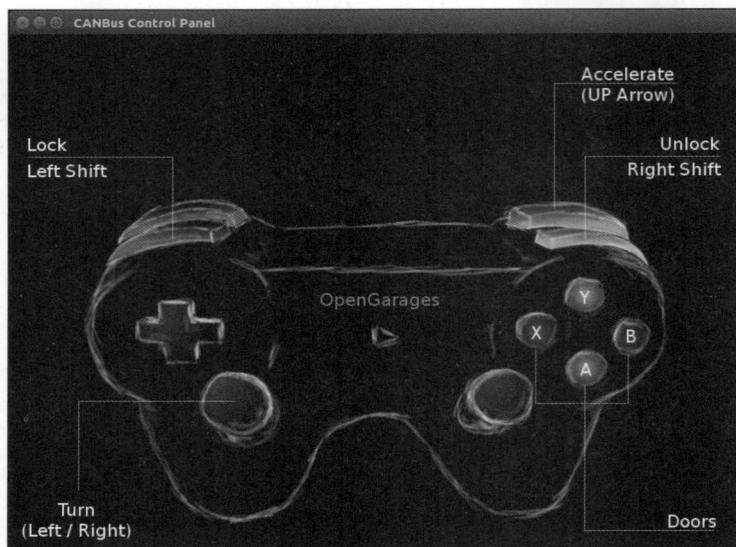

图 4-23　启动仪表盘控制器执行结果

4.4.9　仪表盘控制器功能键

仪表盘控制器功能及其按键见表 4-2。

表 4-2　仪表盘控制器功能及其按键

功能	按键
转向	左键、右键
速度	上键、下键
开/关左前车门	右 Shift 键/左 Shit 键+A 键
开/关右前车门	右 Shift 键/左 Shit 键+B 键
开/关左后车门	右 Shift 键/左 Shit 键+X 键
开/关右后车门	右 Shift 键/左 Shit 键+Y 键
开启全部车门	左 Shift 键+右 Shift 键
关闭全部车门	右 Shift 键+左 Shift 键

4.4.10　车辆控制

下面通过键盘控制汽车，比如，使用左 Shift 键+右 Shift 键打开全部车门，这时可以看到仪表盘模拟器打开了车门，如图 4-24 所示。

图 4-24　打开全部车门执行结果

同样地，我们可以使用右 Shift 键+左 Shift 键，关闭所有车门。

4.4.11　抓取和重放 CAN 报文

下面使用 candump 命令抓取 CAN 报文，并使用−l 参数将抓取到的 CAN 报文保存到日志文件中，如图 4-25 所示。

图 4-25　candump 捕获消息

在抓取报文的过程中，我们使用右 Shift 键+A 键打开左前车门，接着使用左 Shift 键+A 键关闭左前车门。操作完成后，终止报文的录制。

接下来使用 canplayer 命令重放刚才抓取的报文文件，仪表盘模拟器会重现左前车门打开和关闭的过程，执行结果如图 4-26 所示。在结果中，第一列是 CAN 通道，第二列是 CAN ID，第三列是报文长度，最后一列是 CAN 报文（最长为 8 B，CANFD 最长为 64 B）。

图 4-26　重放 CAN 消息

4.5　习题

1. CAN 收发器的作用是什么？
2. 介绍 CAN 数据帧的组成。

项目五 现场总线技术

5.1 项目要求

1. 使用 VSPD 虚拟串口软件创建串口连接。
2. 使用 Modbus Poll、Modbus Slave 仿真软件完成主站、从站的模拟。
3. 完成 Modbus 现场总线通信系统的组建。

5.2 学习目标

1. 了解工业通信技术的概念。
2. 了解常用的现场总线技术与工业以太网技术。
3. 熟悉主流的总线通信协议。
4. 掌握使用 Modbus 组建现场总线通信系统的方法。

5.3 相关知识

5.3.1 工业通信技术概述

1. 现场总线技术

在工业数据通信领域，所谓总线是指由导线组成的传输线束，连接多个传感器和执行器，实现各部件之间传送信息的公共通信干线。而现场总线就是安装在制造或过程区域的现场装置与控制室内的自动控制装置之间的数字式、串行、多点通信的数据总线。

现场总线技术诞生于 20 世纪 80 年代。随着生产规模的日益扩大，工厂的设备有了互联的需求。此阶段的互联需求主要定位于远程的 I/O 数据传输，以及产线内部不同设备的数据交换等。企业希望通过综合掌握多点的运行参数与信息，进而实现多点信息的操作控制。为了实现设备的通信需求，不同厂商针对自身工厂、设备特点，设计了不同的技术标准并自成体系。不同厂商之间的设备不能实现互联互通，想实现更大范围信息共享的网络系统存在很多困难。

截至目前，国际上已开发出的现场总线标准/协议有 40 多种，常用的现场总线和标准/协议有基金会现场总线、PROFIBUS 现场总线、CC-Link 和 Modbus。

基金会现场总线以 OSI 参考模型为基础，取其物理层、数据链路层和应用层为 FF 通信模式的相应层次，并在应用层上增加了用户层，以满足自动化测控应用需求。该总线技术在过程自动化领域应用广泛。

PROFIBUS 是 process field bus 的简称，是一种用于工厂自动化车间级监控和现场设备层数据通信与控制的现场总线技术，广泛应用于制造业自动化、流程工业自动化和楼宇、交通、电力等其他领域自动化。PROFIBUS 由西门子等公司开发研究共同推出，后来成为德国国家和欧洲的现场总线标准，2001 年成为我国的机械行业标准 JB/T 10308。

CC-Link，其中文含义为控制与通信链路系统，是一种适应性强的复合开放式现场总线。它的通信速率有多个级别，无论是从传感器层网络，还是管理层网络，它都能适应。CC-Link 底层遵循 RS-485 通信协议，通常采用广播-轮询的通信方式。

Modbus 具有现场总线功能，它遵循的是串行通信协议。1979 年，由现在的施耐德电气公司为可编程逻辑控制器的通信而开发。现今，Modbus 已经成为工业领域通信协议的业界标准。

工业电子设备可通过 Modbus 总线实现控制器之间、控制器与其他设备之间的通信，很多厂家的变频器、智能 I/O、工控机和 PLC 等设备都设计了 Modbus 接口。因此，不同厂家的控制设备可以连成工业网络，也可以实现集中监控。Modbus 的数据采用主从的通信方式，主站可以与从站独立通信，也可以与所有设备通过广播方式通信。

2. 工业以太网技术

工业以太网是指应用于工业自动化领域的以太网技术，是在以太网技术和 TCP/IP 技术的基础上发展起来的一种工业网络。工业以太网是普通以太网技术在控制网络延伸的产物，既属于信息网络技术，也属于控制网络技术。

正如以太网适用于信息管理、信息处理系统一样，工业以太网在工厂管理、车间监控等信息集成领域也应用得很多。工业以太网最大的优势在于：可以满足控制系统各个层次的要求，使企业的信息网络和控制网络能够实现统一；以太网容易实现网络集成，其速度快，开发技术广泛，硬件升级范围广，价格低廉，容易获得众多厂商的支持。

目前比较有影响力的实时工业以太网有：PROFINET 工业以太网、Ethernet/IP 工业以太网、Modbus-IDA 工业以太网和 FF HSE（基金会现场总线高速以太网）工业以太网。

PROFINET 是由德国西门子公司和 PROFIBUS 用户协会开发的新一代基于工业以太网技术的自动化总线标准。它基于微软公司组件对象模式（COM）技术，使用微软公司的 DCOM 协议和标准 TCP 及 UDP，对于网络上所有分布式对象之间进行交互操作。

PROFINET 涵盖了故障安全、运动控制、分布式自动化、以太网以及网络安全等，能够实现完整的自动化通信领域网络解决方案，并且能够支持很多不同制造商的产品。

EtherNet/IP 是一个开放的工业标准，它将传统的以太网和工业协议进行了融合。

它在 TCP/UDP/IP 之上附加了一个通用工业协议（CIP，common industrial protocol）层，并通过 CIP 提供一个公共的应用层，使供货商、机器制造商、系统集成商以及用户可以充分利用工业以太网技术，实现各种功能的充分集成。

EtherNet/IP 所有产品配有内置的互联网服务器功能，可通过铜缆、光纤等介质进行通信，也能通过生产者/消费者网络服务在一条链路上，实现信息采集、实时控制、设备组态等全部网络功能。

Modbus 协议原为现场总线的通信协议。以施耐德公司为代表的 Modbus 组织将 Web Server、Ethernet 和 TCP/IP 等技术引入协议，并在 2002 年 5 月发布了 Modbus TCP/IP 规范，即现在的 Modbus-IDA 工业以太网技术。

Modbus TCP/IP 使用简单，把 Modbus 信息帧嵌入 TCP 信息帧，直接面向连接，并要求返回响应。这种请求/响应技术很符合 Modbus 的主站/从站特性。这是一种系统规模可伸缩的方案，可连接 10～100 个网络节点。

Modbus 组织与 IDA 组织都希望建立基于 Ethernet TCP/IP 和 Web 互联网技术的分布式智能自动化系统，因此，合并后的 Modbus-IDA 工业以太网将会更加完善。

基金会现场总线最早是为过程自动化而设计的。随着工业自动化水平的发展，FF 高速总线无法满足控制网络中实时信息数据量越来越大的需求。因此，基金会现场总线结合成熟的高速商用以太网技术，开发了 FF HSE 工业以太网。

由于 FF HSE 基于 Ethernet+TCP/IP 协议，因此它能在 100Base-T 以太网上运行。同时，HSE 也能支持低速总线 H1 的所有功能。

5.3.2　Modbus 协议

1．Modbus 协议简介

Modbus 协议是一种已广泛应用于当今工业控制领域的通用通信协议。通过此协议，控制器相互之间，或控制器经由网络（如以太网）可以和其他设备之间进行通信。Modbus 协议使用的是主从通信技术，即由主设备主动查询和操作从设备。一般将主控设备方所使用的协议称为 Modbus master，从设备方使用的协议称为 Modbus slave。典型的主设备包括工控机和工业控制器等，典型的从设备如 PLC 可编程控制器等。

Modbus 通信物理接口可以选用串口（包括 RS-232、RS-485 和 RS-422），也可以选择以太网口。Modbus 通信遵循图 5-1 所示过程，具体如下。

首先，主设备向从设备发送请求。

然后，从设备分析并处理主设备的请求，向主设备发送结果。

最后，如果出现任何差错，从设备将返回给主设备一个异常功能码。

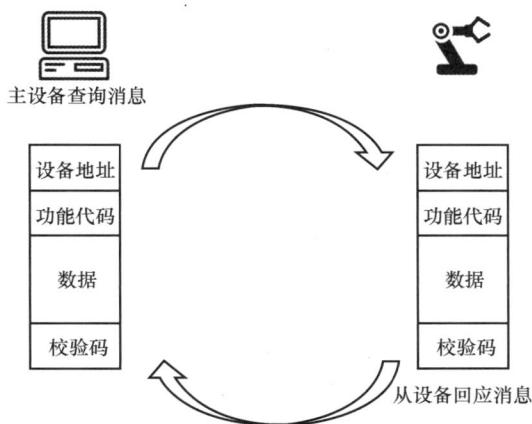

图 5-1　Modbus 协议通信过程

Modbus 协议定义了一个控制器能识别和处理的消息结构，而不用管消息是经过何种网络进行传输的。它描述了一个控制器请求访问其他设备的过程，如何回应来自其他设备的请求，以及怎样侦测错误并记录。它还制定了消息域格式和内容的公共格式。

当在网络上通信时，Modbus 协议要求每个控制器必须知道设备地址，以识别按地址发来的消息，决定产生何种行动。如果需要回应，控制器将生成反馈信息并用 Modbus 协议发出。其他网络将采用 Modbus 协议的消息转换为此网络上使用的消息格式。这种转换也丰富了根据具体的网络解决节地址、路由路径及错误检测的方法。

Modbus 协议是应用层报文传输协议。它定义了一个与物理层无关的协议数据单元（PDU，protocol data unit），即 PDU=功能码+数据域，其中，功能码为 1B，数据域不确定。

Modbus 协议能够应用在不同类型的总线或网络中。对应不同的总线或网络，Modbus 协议引入一些附加域映射成应用数据单元（ADU，application data unit），即 ADU=附加域+PDU。例如，Modbus TCP/IP 的 ADU=MBAP+ADU。Modbus 具备以下几个特点。

① 标准、开放：用户可以免费、放心地使用 Modbus 协议。

② 灵活：支持多种物理层标准，如 RS-232、RS-485 和 Ethernet 等 。

③ 简单：Modbus 协议的帧格式简单、紧凑，通俗易懂。

2．Modbus 通信过程

Modbus 采用的是主从通信方式，也就是说主从设备不能同步进行通信。总线上每次只有一个数据进行传输，即主设备发送，从设备应答。如果主设备不发送，则总线上就没有数据通信。

以 Modbus TCP/IP（指 TCP/IP 承载的 Modbus）的通信设备连接为例，Modbus TCP/IP 主机和从机在 TCP/IP 网络中通过网桥、路由器、网关等设备进行互联。

比如总线上有一个主机和多个从机。用户首先需要为从机分配地址，且每个地址必须唯一，这样主机才能通过地址找到对应的从机。地址的取值范围为 0～247，其中，0 为广播地址。分配好地址后，主机要查询从机地址，然后向目标从机进行数据下发；从机得到主机发送的数据后进行回复，这就是一个主机到从机的通信过程。

Modbus 每次通信都是主机先发送指令，可以采用广播通信模式，或向特定从机的单播通信模式；从机响应指令，并按要求应答，或者报告异常。当主机不发送请求时，从机不会自己发出数据，从机和从机之间不能直接进行通信。通过前面的介绍，我们知道在工业网络领域，当前存多种类型的通信协议，不同类型的通信协议间无法互通，要掌握全部的通信技术协议并不现实。

单播（一对一）：主机可以和从机通信，从机响应，其通信模式如图 5-2 所示。

广播（一对多）：主机对多个从机，从机无响应，其通信模式如图 5-3 所示。

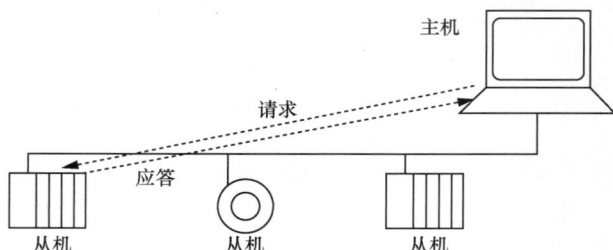

图 5-2　单播通信模式

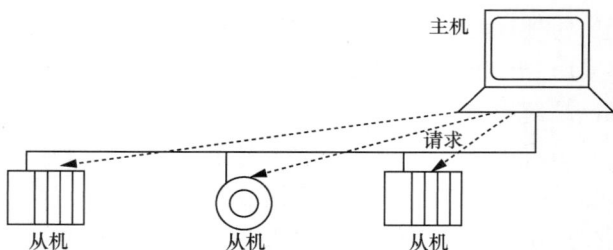

图 5-3　广播通信模式

Modbus 协议由于具有开源且无版权要求、易于部署与维护等优点，对供应商来说，修改本地字节没有很多限制，因此被工业领域广泛接受。很多厂家的变频器、智能 I/O、工控机和 PLC 等设备都设计了 Modbus 接口。

Modbus 协议规范的核心是应用层标准，物理层、数据链路层可灵活选择，如图 5-4 所示。

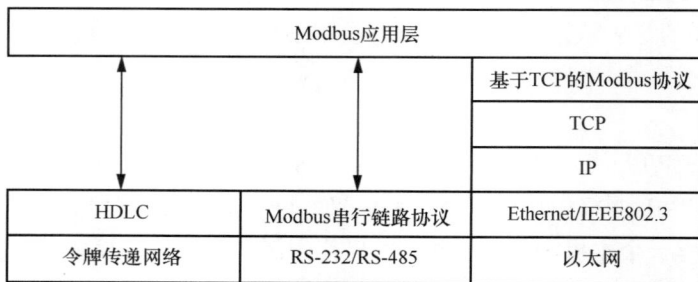

Modbus应用层		
		基于TCP的Modbus协议
		TCP
		IP
HDLC	Modbus串行链路协议	Ethernet/IEEE802.3
令牌传递网络	RS-232/RS-485	以太网

图 5-4　Modbus 通信栈

3．Modbus 的 3 种通信方式

Modbus 协议目前有用于串口、以太网以及高速令牌传递网络的版本。

其中，串口方式的通信支持有线 RS-232/RS-422/RS-485、光纤，以及无线等传输方式，对应的通信模式是 Modbus RTU 和 Modbus ASCII。Modbus 通信系统中 RTU 通信方式的节点不会与设置为 ASCII 通信方式的节点进行通信，反之亦然。模式的选择由设备决定。以太网版本对应的通信模式是 Modbus TCP/IP，高速令牌网络对应的通信模式是 Modbus PLUS。

（1）Modbus TCP/IP 使用网口通信，更多地应用于快速网络设备，如机器人。图 5-5 展示了 Modbus TCP/IP 使用的网口。

（2）Modbus RTU 使用 RS-232 或者 RS-485/RS-422 接口，通信方式是串口通信。这是一种直接传输二进制数值的通信方式，工业领域用得最多。图 5-6 展示了 Modbus RS-485/RS-422 接口。

图 5-5　Modbus TCP/IP 使用的网口　　　　图 5-6　Modbus RS-485/RS-422 接口

（3）Modbus ASCII 使用 RS-232 或者 RS-485/RS-422 接口，通信方式是串口通信。Modbus ASCII 比前两者的应用少，但支持 Modbus ASCII 协议的设备一定也会支持 Modbus RTU 协议。

对于不同类型的网络，Modbus 的协议层实现是一样的，但下层的实现方式是有区别的。下面主要介绍基于串口方式的 Modbus 异步串行传输，ModBus TCP/IP 与串行方式 Modbus 的数据域是一致的，具体数据域可以参考 Modbus 异步串行传输。

5.4　实验过程

5.4.1　实验要求

若使用 Modbus 组建工业通信网络，则需要发送信息的主机设备（如计算机、工控机、

PLC）、接收信息的从机设备，以及连接主机与从机设备的通信介质。Modbus 支持多种电气接口标准，如 RS-232、RS-485、TCP/IP 等，且可在多种介质上传输数据，如双绞线、光纤等。

本实验使用软件仿真的方式，帮助读者掌握工业通信网络的组建过程，所使用的软件如下。

- VSPD：用于为计算机创建虚拟串口，模拟通信线缆。
- Modbus Poll：用于仿真发送控制消息的 Modbus 主站。
- Modbus Slave：用于仿真接收消息的 Modbus 从站。

5.4.2　安装软件

本实验所用软件的安装过程如下。

1. 安装 VSPD

VSPD（Virtual Serial Port Driver）的安装步骤如下。

步骤 1：双击打开图 5-7 所示的安装程序。

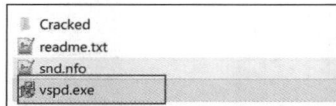

图 5-7　VSPD 安装程序

步骤 2：在弹出界面单击 OK 按钮，再单击 Next 按钮。之后，在下一个界面上选择"I accept the agreement"选项，并单击 Next 按钮。请注意，这里提到的界面并未展示，读者按要求操作即可。

步骤 3：在图 5-8 所示界面上修改软件安装位置，之后单击 Next 按钮。

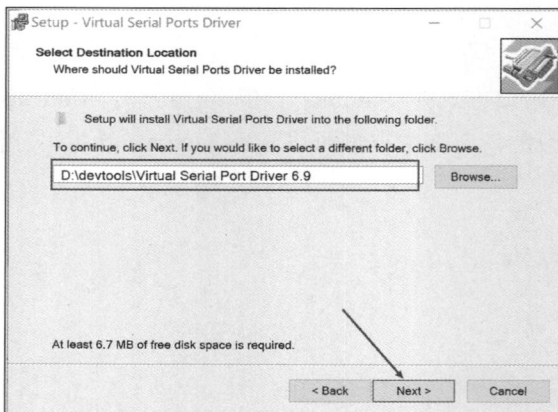

图 5-8　VSPD 安装路径设置

步骤 4：在图 5-9 所示界面上单击 Install 按钮，等待软件安装完成。

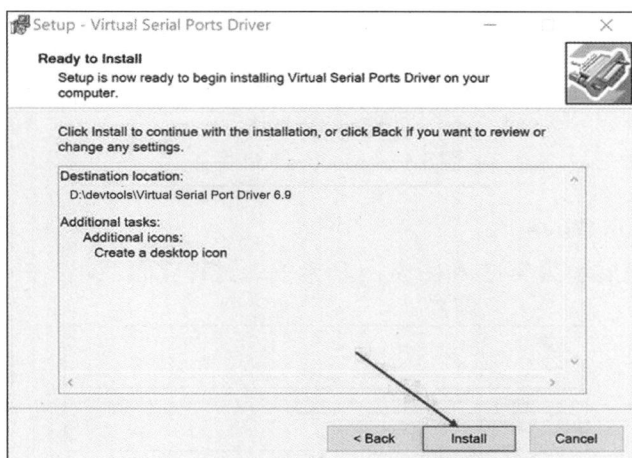

图 5-9　VSPD 安装开始

安装完成后，读者可以在桌面看到 VSPD 的图标。

2．安装 Modbus Poll

Modbus Poll 与 VSPD 的安装步骤类似，这里先展示部分安装过程界面，如图 5-10 和图 5-11 所示，读者参考图中内容操作即可。

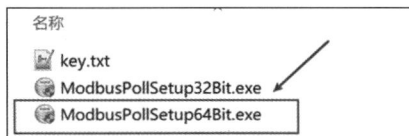

图 5-10　Modbus Poll 安装程序

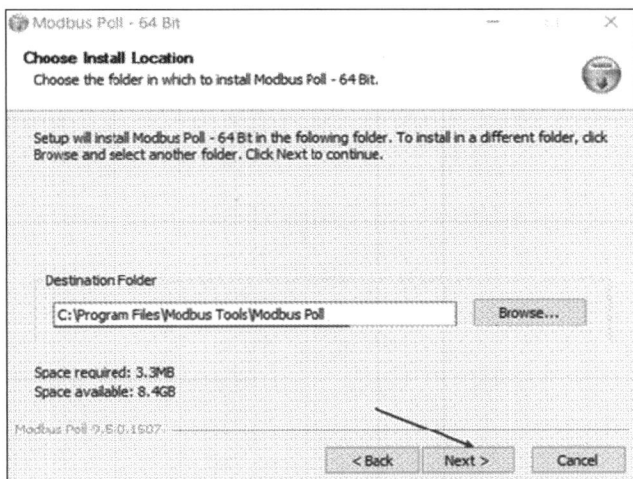

图 5-11　设置 Modbus Poll 安装路径

然后依次在各界面上单击 Next 按钮，完成安装。之后，桌面会出现 Modbus Poll 的图标，如图 5-12 所示。

图 5-12　Modbus Poll 图标

3．安装 Modbus Slave

同样地，这里先展示图 5-13 和图 5-14 所示安装过程界面，读者按图中内容操作即可。

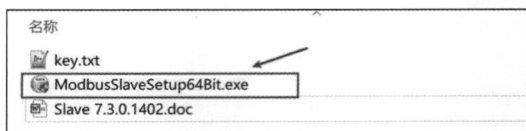

图 5-13　Modbus Slave 安装程序

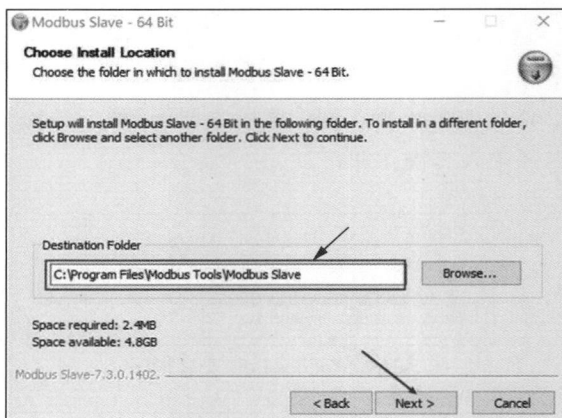

图 5-14　设置 Modbus Slave 安装路径

然后依次在各界面上单击 Next 按钮，完成安装。之后，桌面会出现 Modbus Slave 的图标，如图 5-15 所示。

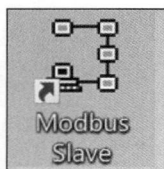

图 5-15　Modbus Slave 软件图标

5.4.3　组建工业通信网络

1．使用 VSPD 创建虚拟串口

双击 VSPD 图标，打开 VSPD，其界面如图 5-16 所示。

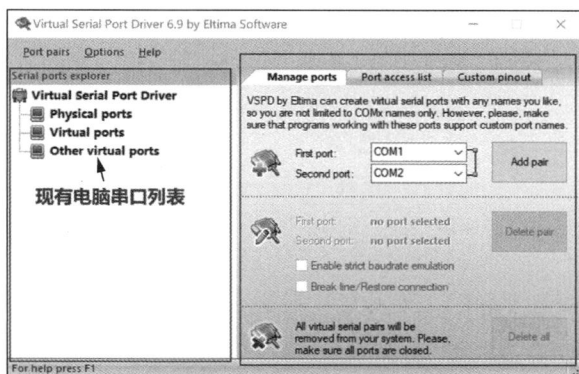

图 5-16　VSPD 界面

在图 5-17 所示界面单击 Add pair 按钮，创建端口对。之所以要创建一对端口，是因为要模拟一根线缆的两端，其中，一端连接主机设备，另一端连接从机设备。创建的端口如图 5-18 所示。

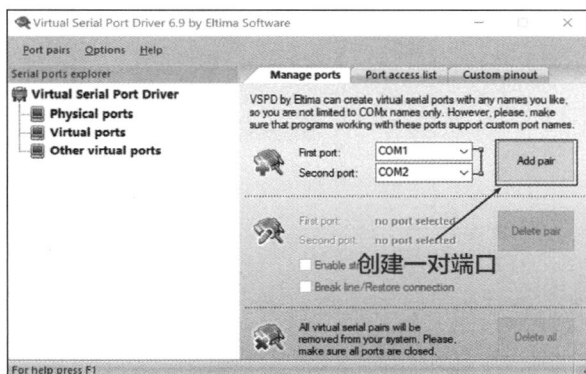

图 5-17　创建端口对

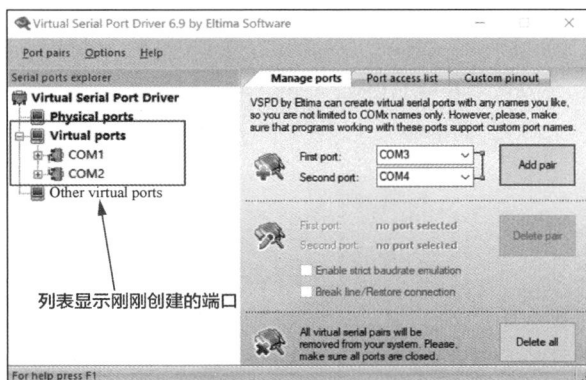

图 5-18　创建端口对结果

在此电脑图标上单击鼠标右键，依次在弹出界面上单击管理→设备管理器→端口选项，查看系统是否新加了两个端口，得到的结果如图 5-19 所示。

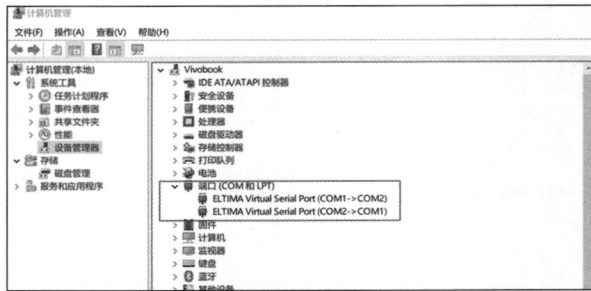

图 5-19　查看系统是否创建端口对结果

2．使用 Modbus Slave 创建 Modbus 从机

双击桌面上的 Modbus Slave 图标，进入图 5-20 所示界面。

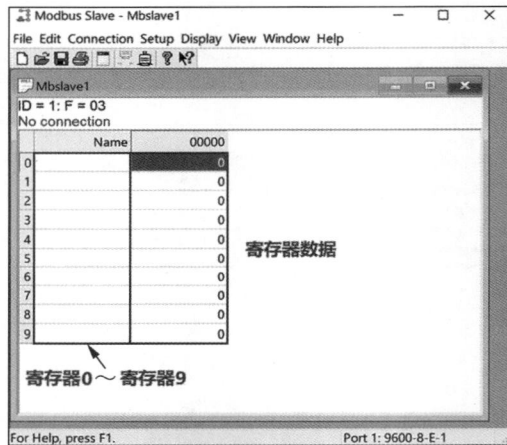

图 5-20　Modbus Slave 界面

在图 5-21 所示界面依次单击 Connection→Connect 选项，连接串口。

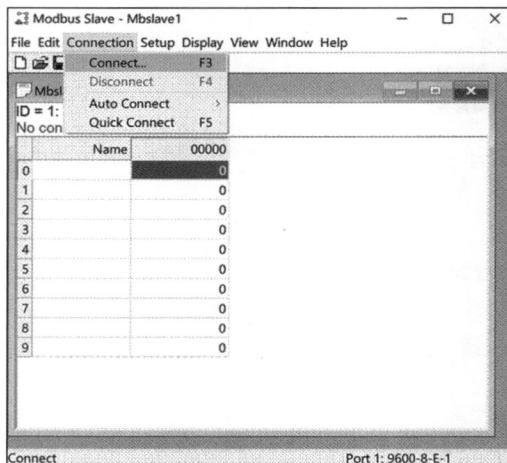

图 5-21　Modbus Slave 连接串口

此时若软件未注册，系统会提示输入注册码，按系统提示完成操作即可。

按图 5-22 所示提示进行操作，即可在 Modbus Slaves 上创建连接。

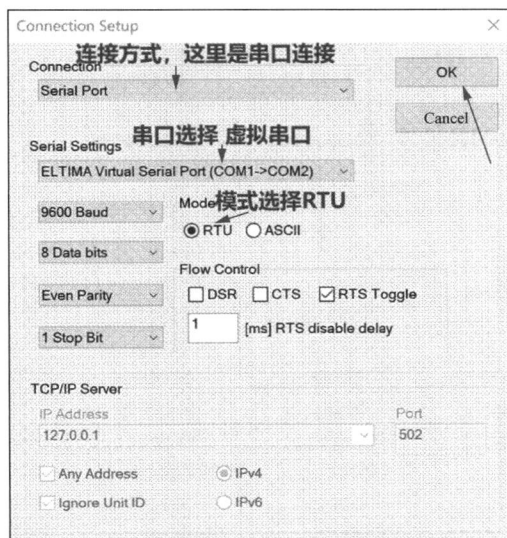

图 5-22　Modbus Slave 创建连接

至此，Modbus 从机的创建便完成了。

3. 使用 Modbus Poll 创建 Modbus 主机

双击 Modbus Poll 图标，打开软件。Modbus Poll 软件界面与 Modbus Slave 软件界面基本一致。

在图 5-23 所示界面依次单击 Setup→Read/Write Definition 选项，确认参数设置。若有需要，可在图 5-24 所示设置界面按提示修改 Modbus 主机的通信参数。

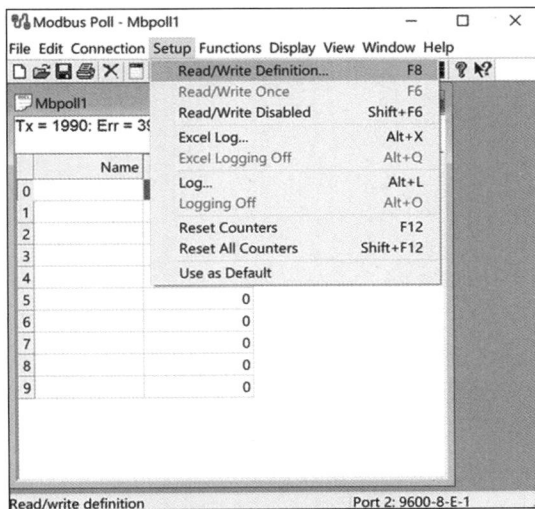

图 5-23　Modbus Poll 界面

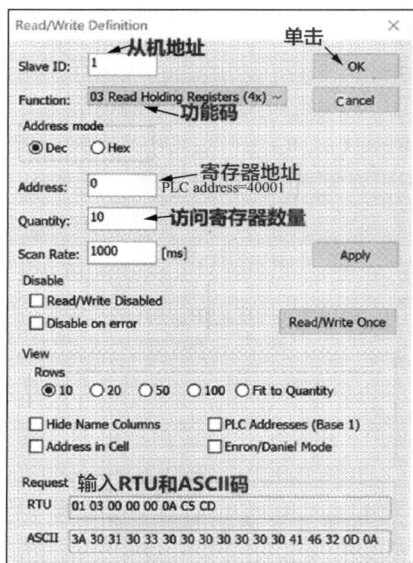

图 5-24　Modbus Poll 设置界面

在图 5-23 所示界面依次单击 Connection→Connect 选项，若同样遇到注册码问题，请参考 Modbus Slave 的操作方式进行注册。之后，在图 5-25 所示界面按提示完成 Modbus 主机的创建。

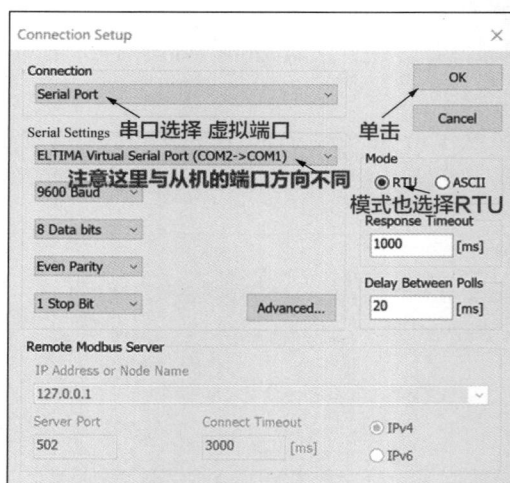

图 5-25　Modbus Poll 主机创建操作

至此，Modbus 主机的创建便完成了。

4．练习：主机—从机通信

（1）修改寄存器数据

在图 5-26 所示界面上双击第一个寄存器值处，按提示进行操作，修改 Modbus 从机寄存器数据。

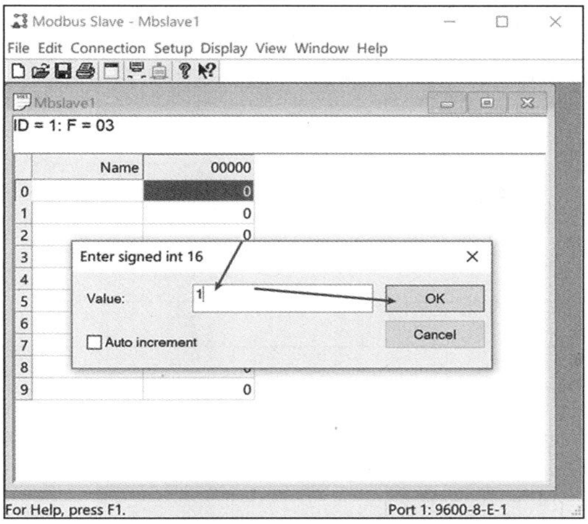

图 5-26　修改 Modbus 从机寄存器数据

在图 5-27 所示界面上依次单击 Display→Communication 选项，便可以看到通信记录。通信记录如图 5-28 所示。

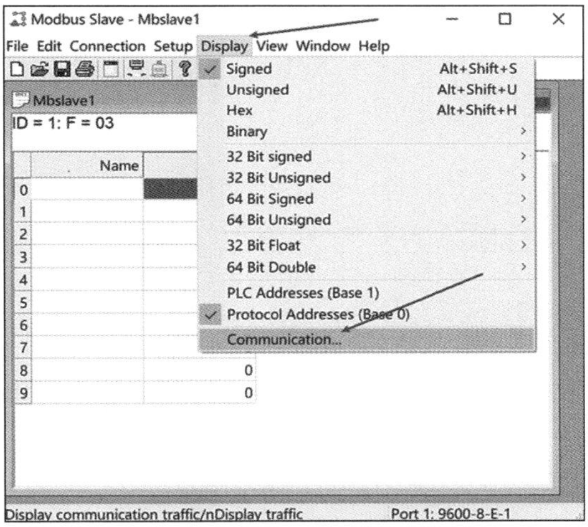

图 5-27　在 Modbus Slave 上查看通信记录

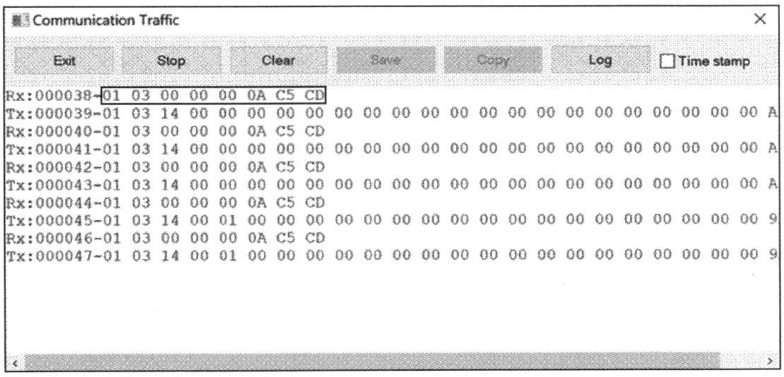

图 5-28　Modbus 从机通信记录

通信记录的 Rx 表示 Modbus 从机接收到的 Modbus 主机消息帧，其格式对应的含义为：

01	03	00	00	00	0A	C5	CD
从站地址	功能码	读取的起始寄存器地址 0x0000		查询的寄存器数量为 0x000A（10）个		循环冗余校验 CRC	

通信记录的 Tx 表示 Modbus 从机发送到 Modbus 主机的回复报文，其内容以类似方式进行组织：

从站地址	功能码	字节计数	字节 1	字节 N	冗余校验

此时，我们在 Modbus Poll 软件界面上将发现。寄存器 0 的值也变成了 1，这表示 Modbus 主机接收到 Modbus 从机发送的修改数据，如图 5-29 所示。

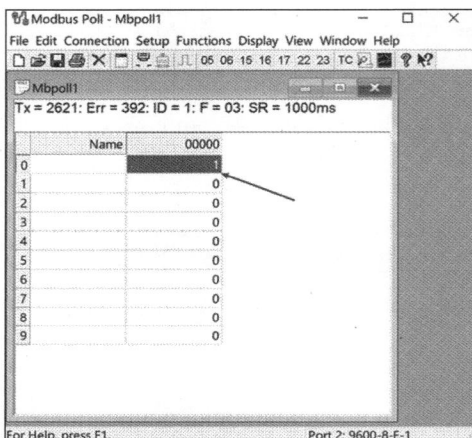

图 5-29　Modbus Poll 通信结果

（2）报文传输

在 Modbus Poll 软件界面上依次单击 Functions → 06：Write Single Register 选项，如图 5-30 所示，进入图 5-31 所示界面，并在其上按图中提示进行操作。

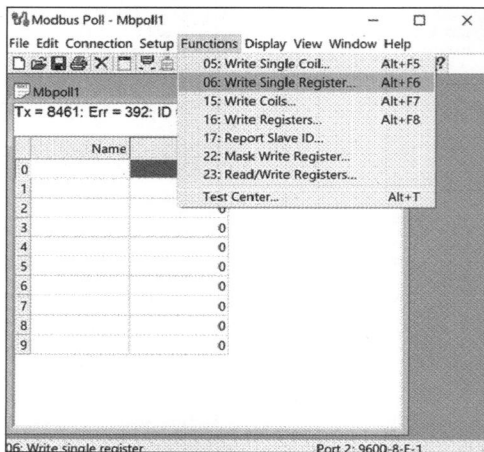

图 5-30　Modbus Poll 通信发送报文

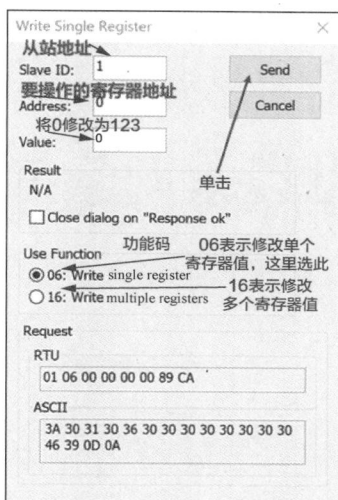

图 5-31　在 Modbus 主机上修改从机寄存器值

这时，Modbus 从机上对应地址的寄存器值已变成 Modbus 主机修改的数据，如图 5-32 所示。

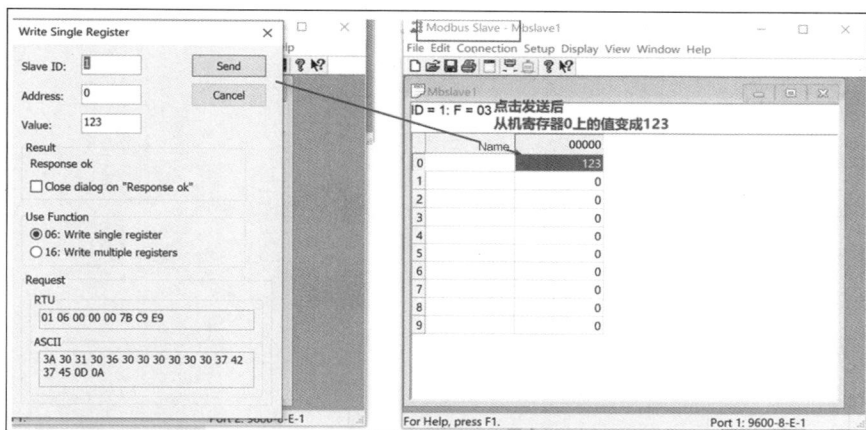

图 5-32　Modbus 从机寄存器值

至此，主机发送信息、从机接收信息便实现了。读者可以尝试通过 Modbus 主机发送不同的信息，修改 Modbus 从机上不同寄存器位置的值。

5.5　习题

1. 简述 Modbus 3 种主要通信方式。
2. 简述 Modbus 数据帧的基本格式。
3. 简述 Modbus 的通信过程。

项目六　工业以太网通信技术

6.1　项目要求

1. 了解工业以太网的概念。
2. 掌握工业以太网通信的架构与组建。
3. 能够实现 PROFINET 工业以太网的组网通信。

6.2　学习目标

1. 了解工业以太网的概念。
2. 熟悉工业以太网与商业以太网的区别。
3. 掌握工业以太网的通信架构与组建。
4. 掌握 PROFINET 工业以太网的组网通信方法。

6.3　相关知识

6.3.1　工业以太网概述

所谓工业以太网，是一种专为工业环境设计的以太网。它充分结合了传统的工业控制系统与计算机网络技术的优势，为工业生产提供了更高效、更灵活的通信和解决方案。工业以太网正朝着更快、更可靠性、更安全和更智能化的方向发展，将进一步融合物联网、云计算、大数据等技术，为工业生产提供更加全面、高效和智能的解决方案。和商业以太网相比，工业以太网在应用场景、可靠性要求、协议特性及技术实现方面有显著不同。

（1）应用场景

工业以太网主要应用于工业控制和自动化领域，如制造、能源、交通运输等。在这些领域中，工业以太网需要支持更广泛的工业协议和实时性要求，能够连接各种不同类型的传感器、执行器、控制器等设备。而商业以太网主要应用于家庭、企业等环境，满足这些环境下人们对数据传输的基本需求。

（2）可靠性要求

工业以太网具有更高的可靠性要求，以确保数据传输的稳定性和实时性。在工业应用场景下，网络会面临更严苛的环境条件和噪声干扰，因此需要更强的抗干扰能力和网络冗余机制，以保证数据传输的可靠性和连续性。工业以太网使用工业级以太网交换机、路由器和电缆。商业以太网虽然也具有一定的可靠性，但相对于工业环境来说，尚达不到要求。

（3）协议特性

工业以太网通常采用特定的工业协议，如 Modbus TCP、PROFINET、EtherCAT 等，这些协议可以满足工业应用场景下的实时性、可靠性和安全性要求。同时，工业以太网也支持通用的以太网协议，如 TCP/IP 和 UDP，以实现与其他网络的互联互通。而商业以太网主要使用标准的以太网协议，如 TCP/IP 等，满足商业环境下的数据传输需求。

（4）技术实现

工业以太网在设计时充分考虑了工业环境的特殊性，采用了多种技术手段来提高网络的可靠性、实时性和稳定性。例如，通过冗余技术确保网络出现故障时能够自动切换到备用链路；通过时间敏感网络技术确保关键数据的实时传输；通过电磁兼容性设计和抗干扰设计提高网络在恶劣环境下的稳定性。而商业以太网在设计时主要关注数据传输效率，没有像工业以太网那样对网络的可靠性、实时性和稳定性具有如此高的要求。

综上所述，这些区别使得工业以太网更加适合在恶劣的工业环境中使用，能够满足工业自动化和过程控制对网络通信的严格要求。

6.3.2　通信架构与组建

工业以太网的通信架构与组建是工业自动化控制领域的重要组成部分，涉及多个层面的技术和硬件设备。工业以太网通信架构通常遵循 OSI 参考模型或 TCP/IP 模型（如图 6-1 所示），但在实际应用中根据需求进行适配和优化。

下面从 TCP/IP 模型介绍工业以太网通信架构。

网络接口层：管理物理介质（如屏蔽双绞线、光纤等），进行帧的封装与解封装，实现介质访问控制（如 CSMA/CD 机制），确保数据帧在物理链路上传输的正确性。

网络层：管理 IP 地址，实现设备之间的寻址；根据路由表进行数据包的转发，实现不同子网之间的通信；通过子网划分提高网络的可管理性和安全性。

传输层：通过 TCP 提供可靠的端到端通信，确保数据的完整性和准确性；通过 UDP 实现快速的实时数据传输，满足工业场景中对实时性的要求。

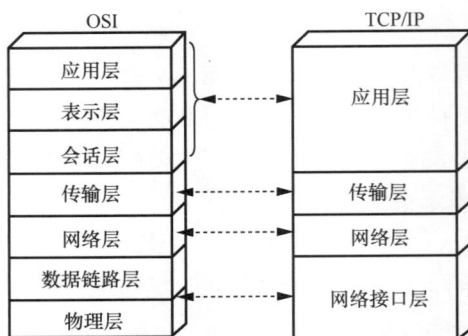

图 6-1　OSI 参考模型与 TCP/IP 模型

应用层：运行各种工业协议（如 Modbus TCP/IP、Ethernet/IP 等），实现设备之间的数据通信和控制；支持工业软件（如生产执行系统等）运行，实现生产过程的监控和管理；完成不同设备之间的数据交换和协同工作。

数据链路层。该层负责数据的封装和解封装，以及物理寻址和错误检测。该层通常使用 IEEE 802.3 标准，并包含一些特定的扩展功能，如帧前导码、帧检验序列等，以增强数据传输的可靠性。

网络层。该层负责数据的路由和寻址，确保数据包能够从一个设备传输到另一个设备。该层通常使用 IP 协议提供地址分配和路由机制。

传输层。该层负责数据的传输，提供端到端的通信服务。该层通常使用的协议是 TCP 和 UDP，前者提供可靠的连接控制，后者则提供无连接的传输服务。

工业以太网的组建通常涉及以下 7 个步骤。

步骤 1：需求分析。该步骤明确工业以太网的应用场景、传输数据量、实时性要求等关键参数。

步骤 2：网络规划。该步骤根据需求分析结果，确定网络拓扑（如总线、星形和环形等）、物理介质（如双绞线、光纤）和接口类型，并选择合适的网络设备，其中包括交换机、路由器和防火墙等。

步骤 3：设备选型与配置。该步骤选择符合工业标准的以太网设备，如工业级交换机、工业计算机等，并对设备的 IP 地址、子网掩码、网关等网络参数进行配置。

步骤 4：布线与连接。该步骤根据网络规划进行线缆布设和设备连接，确保布线符合工业标准，满足抗干扰、防腐蚀等要求。

步骤 5：测试与调试。该步骤对网络进行全面测试和调试，其中包括连通性测试、性能测试等，并调整错误配置，确保网络稳定运行。

步骤 6：安全防护。该步骤部署防火墙、入侵检测系统等安全设备和系统，保护网络免受攻击，并实施加密和认证机制，确保数据传输安全。

步骤 7：运维与优化。该步骤建立网络运维体系，对网络进行定期维护和优化。

在工业以太网组建中，集线器、交换机、路由器和网关是构成网络基础设施的关键组件，发挥着不同的作用，共同实现数据的传输和控制。下面对它们分别做详细介绍。

（1）集线器

集线器是一种工作在物理层的网络设备，以广播的方式向外发送数据，即将接收到的数据镜像式地发送到其他端口中。所有连接到该集线器端口（接收端口除外）的设备均能收到这些数据。然而，集线器广播式的发送数据方式容易造成网络风暴，浪费有限的网络带宽，并且多台设备能收到数据，降低了安全性。在工业以太网中，集线器的使用已逐渐减少，但某些特殊场合，如为了获取网络中通信报文时，仍会用到集线器。

（2）交换机

工业以太网交换机包括非管理型交换机和管理型交换机两类。非管理型交换机通常以端口到端口的形式基于MAC地址表进行转发，不支持网络管理功能。管理型交换机除了具备非管理型交换机的功能外，还支持多种网络协议，如简单网络管理协议（SNMP，simple network management protocol）、链路层发现协议（LLDP，link layer discovery protocol）等，具有更强的网络管理能力。对于管理型交换机，有的工作在第二层（OSI参考模型数据链路层），有的工作在第三层（网络层）。工作在第三层的管理型交换机具有划分VLAN的功能，并支持VLAN之间的路由。图6-2展示了一款工业以太网交换机。

图 6-2　工业以太网交换机

工业以太网交换机具备如下特点。

- 高可靠性：工业以太网交换机采用高可靠硬件和软件设计，能够在恶劣的工业环境中稳定运行，减少故障发生的概率。
- 耐用性：工业以太网交换机采用宽温设计，能够在极端温度条件下正常工作。同时，工业以太网交换机具备较强的抗震动、抗冲击能力，可适应各种复杂的工业环境。
- 适应恶劣环境：工业以太网交换机具备防尘、防水等特性，能够在潮湿、多尘、存在大量腐蚀性气体等恶劣环境中长期运行。
- 高性能：工业以太网交换机支持多种端口速率，如 10 M、100 M、1000 M（M 表示 Mbit/s）等带宽，以及半双工、全双工、自适应等工作方式，可满足工业现场数据高速、实时传输的需求。
- 丰富的功能：工业以太网交换机支持多种工业通信协议（如 Modbus TCP、PROFINET 和 EtherCAT 等），同时支持 VLAN、QoS、ACL 等功能，提高网络的安全性和可管理性。

（3）路由器

路由器是一种工作在网络层的网络设备，用于实现不同子网之间的通信。路由器具有两个不同类型的端口：本地局域网（LAN，local area network）端口用于连接局域网；广域网（WAN，wide area network）端口可连接广域网（或另一个子网）。路由器的内部保存着一张路由表，该表基于 IP 地址进行寻址和转发决策。当子网内某个设备发送的数据包的目的 IP 地址不在当前子网内时，该设备会将数据包发送给路由器，由路由器负责将该报文转发到相应的子网中。图 6-3 展示了一款工业以太网路由器。

工业以太网路由器具备如下特点。

图 6-3　工业以太网路由器

- 高可靠性：工业以太网路由器采用高可靠硬件和软件设计，能够在恶劣的工业环境中稳定运行，减少故障发生的概率。它们通常具备防尘、防水等特性，可适应各种复杂的工业环境。

- 高稳定性：工业以太网路由器可在无人值守的情况下，保证长时间运行而不出状况，这有助于维护工业网络的连续性和稳定性。

- 强大的路由功能：工业以太网路由器支持多种路由协议和算法，能够根据网络拓扑和链路状态信息计算出最佳路由路径，确保数据包能够高效地传输到目的地。

- 丰富的接口和扩展性：工业以太网路由器提供多种通信端口（如以太网、串行端口、USB 等），可以连接多种工业设备。同时，它们还支持多种通信协议和加密方式，以满足不同工业应用的需求。

- 远程访问与管理：工业以太网路由器具有远程访问和监控功能，使维护人员能够远程配置、更新现有配置和排除故障，提高运维效率。

（4）网关

网关作为连接两个或多个子网的通信设备，能够实现工业现场多种设备的数据接入、转发和推送。网关可以是硬件设备，也可以是软件程序，其主要功能是实现不同网络或协议之间的数据通信或转换，例如将 TCP/IP 数据包转换为其他协议的数据包，或者在不同子网之间进行数据包转发。在工业以太网中，网关常用于连接工业控制系统与外部网络（如互联网），实现远程监控、数据交换等功能。

工业以太网网关具备如下特点。

- 多样化的通信接口：工业以太网网关支持多种通信接口（如 RS-232、RS-485、RS-422 等），可兼容多种 PLC 和其他工业设备，实现灵活接入。

- 强大的数据处理能力：工业以太网网关能够实时、准确地传输各种传感器和执行器的数据，实现高速、稳定的网络连接。

- 高可靠性和稳定性：采用高可靠性的硬件和软件设计，能够在恶劣的工业环境中稳定运行，支持断线重连、异常恢复和系统自监控等功能，确保设备实时在线和监控系统正常运行。

- 安全防护能力：工业以太网网关具备数据加密、安全防护等功能，确保通信安全和数据不泄露。

- 灵活性和可扩展性：支持远程定义和修改设备及变量采集规则，可灵活接入各种设备管理平台，同时支持多种工控协议和通信方式（如 4G、3G、Wi-Fi 等），满足未来功能扩展的需求。

6.4　实验过程

本实验主要是使用西门子 TIA 博途（TIA Portal）软件完成 PROFINET 通信。PROFINET 是一种基于工业以太网的开放的、标准的、实时的通信协议，它支持 TCP/IP 协议和 IT 标准，能够与现场设备实现无缝集成。可以说，PROFINET 是工业以太网在现场级应用的一种具体实施协议。

PROFINET 主要有两种通信方式：

PROFINET IO 实现控制器与分散布置的输入／输出设备（如传感器和执行器）之间的实时通信；

PROFINET CBA 实现分布式智能设备之间的实时通信。

从 PROFINET 的角度来看，PROFINET IO 是在工业以太网上实现模块化、分布式应用的通信概念。通过 PROFINET IO，分布式 IO 设备和现场设备能够集成到以太网通信中。

图 6-4　TIA 博途软件标识

单击图 6-4 所示图标，打开 TIA 博途软件。在图 6-5 所示界面上创建新项目 ProFiNet_IO，项目名称、路径等信息参考图中内容设置即可。

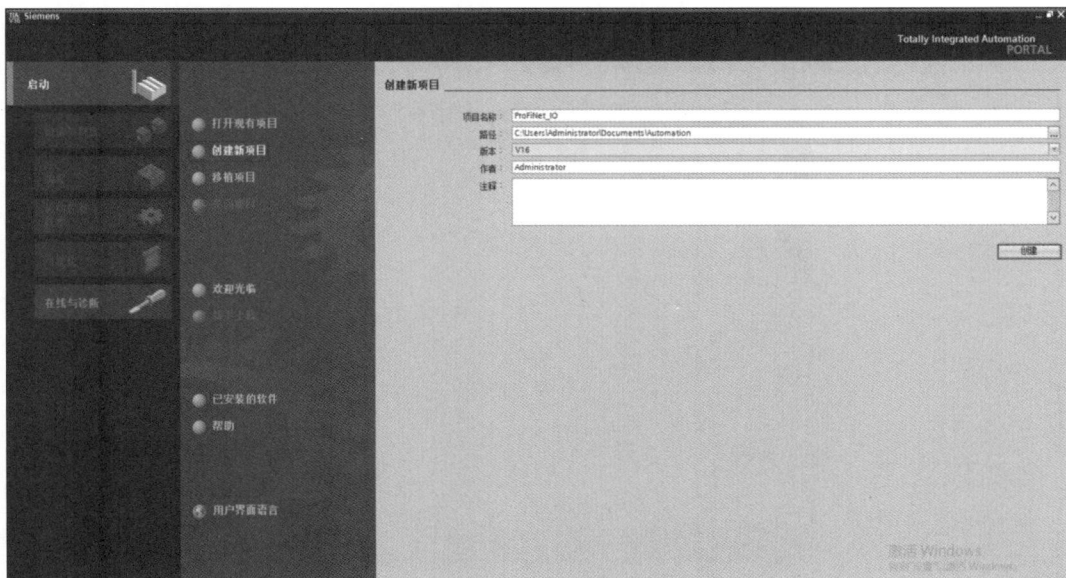

图 6-5　创建新项目界面

在图 6-6 所示界面上单击打开项目视图选项。

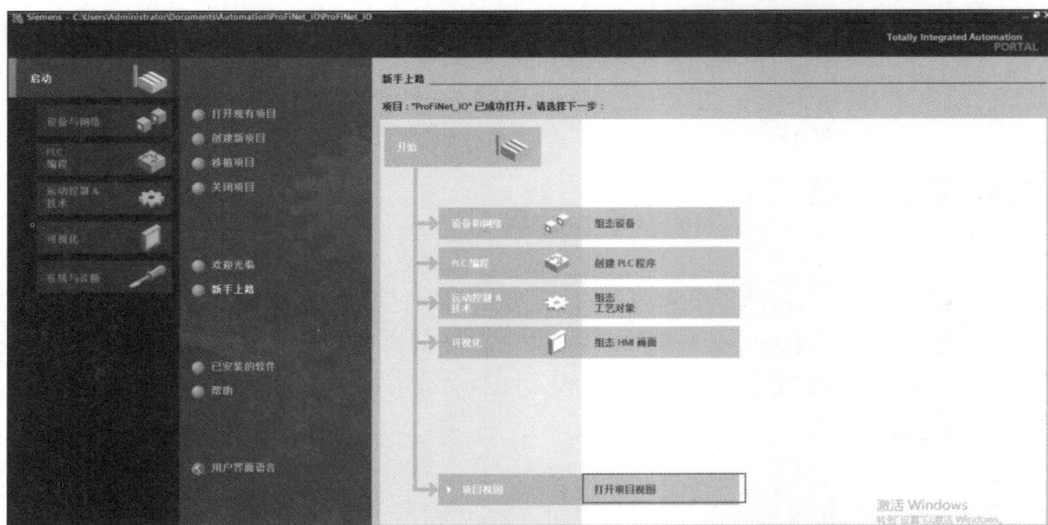

图 6-6　项目视图界面

6.4.1　PLC 作为 IO 设备

采用 PROFINET 组网至少包含一个主站（IO 控制器）与一个从站（IO 设备），网络中 PLC 通常作为 IO 控制器，IO 设备的选择则较多，我们在 TIA 博途环境中也采用 PLC 作为 IO 设备。将 PLC 作为 IO 设备的 PROFINET 组网步骤如下。

步骤 1：添加新设备，具体型号如图 6-7 矩形标识所示。

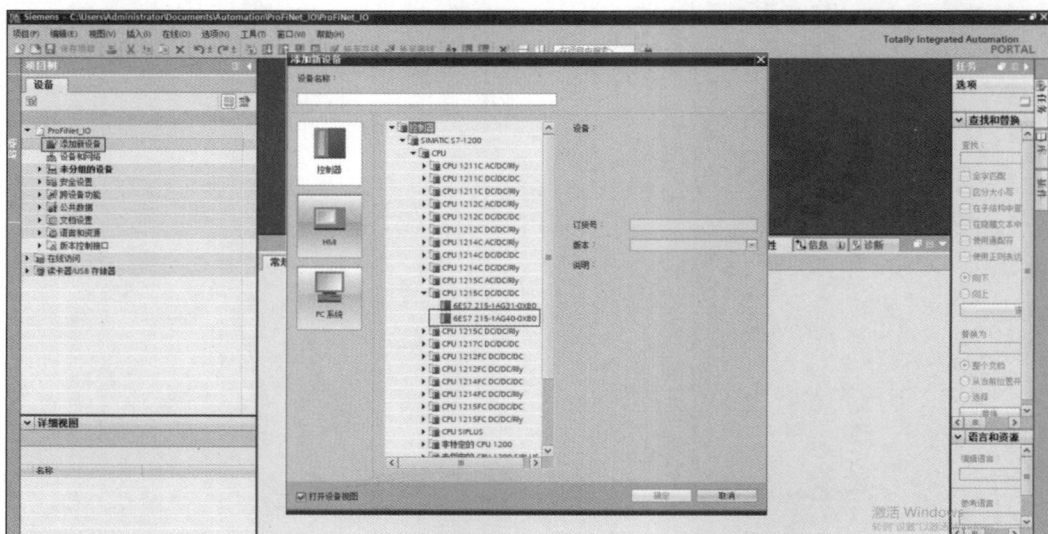

图 6-7　添加新设备

步骤 2：双击设备与网络选项，连接两台 PLC 的网口，如图 6-8 所示。

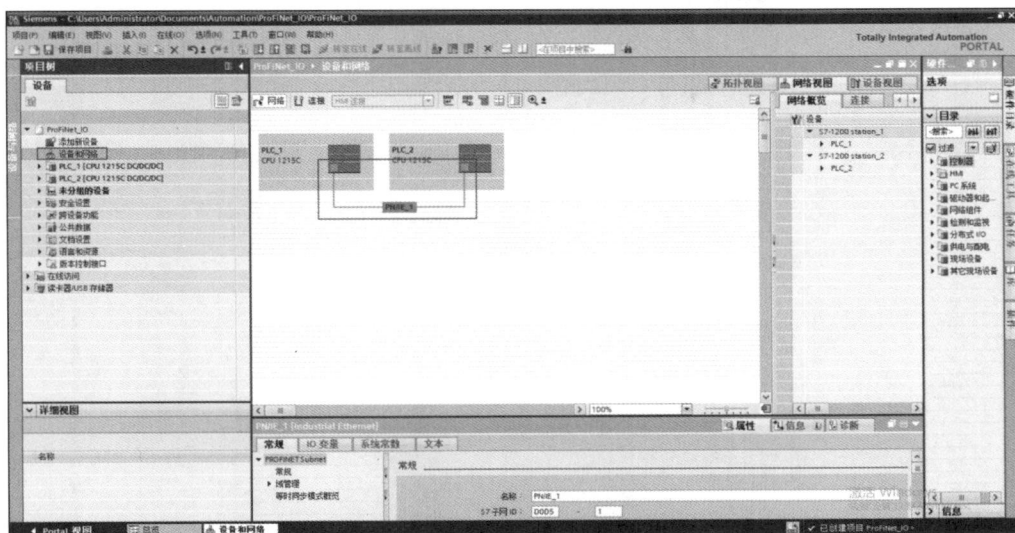

图 6-8　连接两台 PLC 的网口

步骤 3：按图 6-9 所示操作将 PLC_1 重命名为 profinet_master，PLC_2 重命名为 profinet_slave。

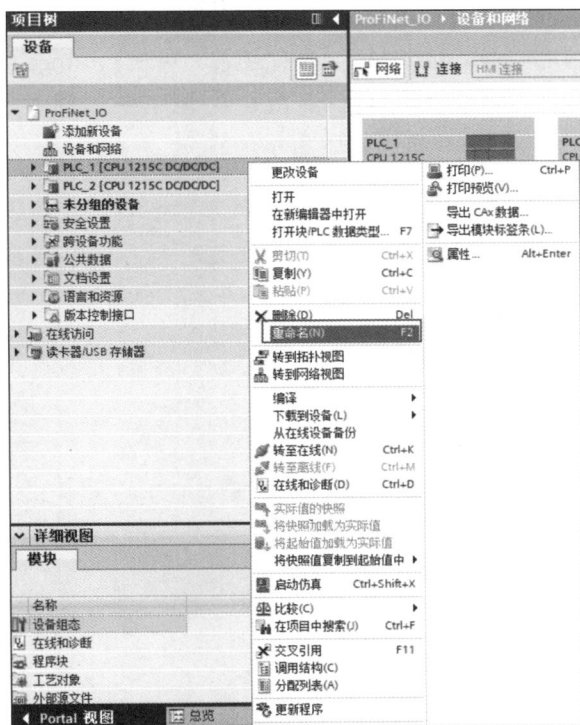

图 6-9　设备重命名

步骤 4：在 TIA 博途软件中，PLC 默认为 IO 控制器，故主站 PLC 不需要进行特别配置，仅需要配置 IP 地址。双击 profinet_master 的设备组态选项，依次单击属性—常规—Profinet 接口—以太网地址，进行 IP 地址配置。此处我们配置 IP 地址为 192.168.0.1（读者自行选取不冲突的 IP 地址即可），如图 6-10 所示。

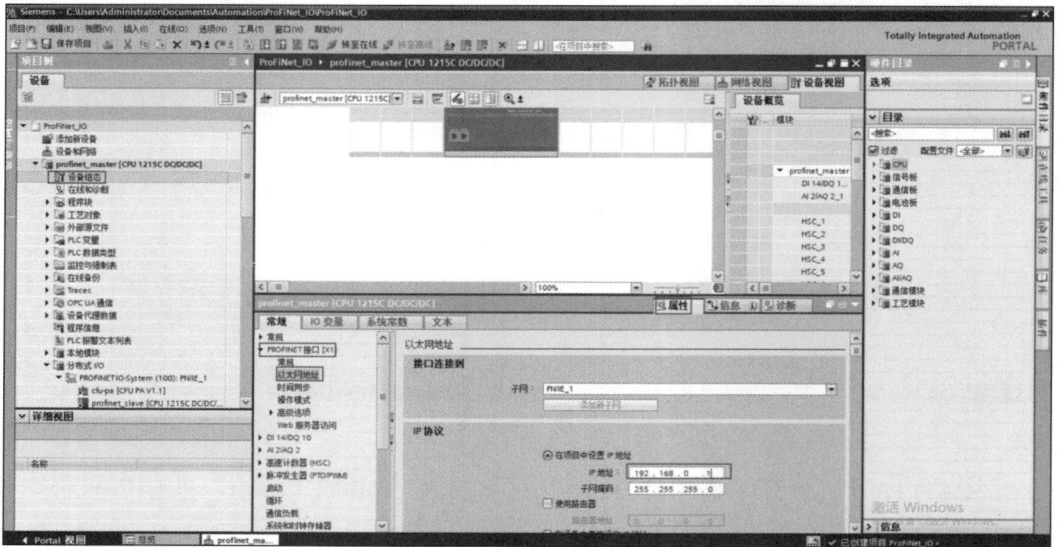

图 6-10   设置 profinet_master IP 地址

步骤 5：对从站 PLC（profinet_slave）进行配置。单击 profinet_slave 的网口，依次单击属性—常规—操作模式，勾选 IO 设备，将 PLC 从 IO 控制器转变为 IO 设备，并指定对应的 IO 控制器通过指定接口与其相连，如图 6-11 所示。

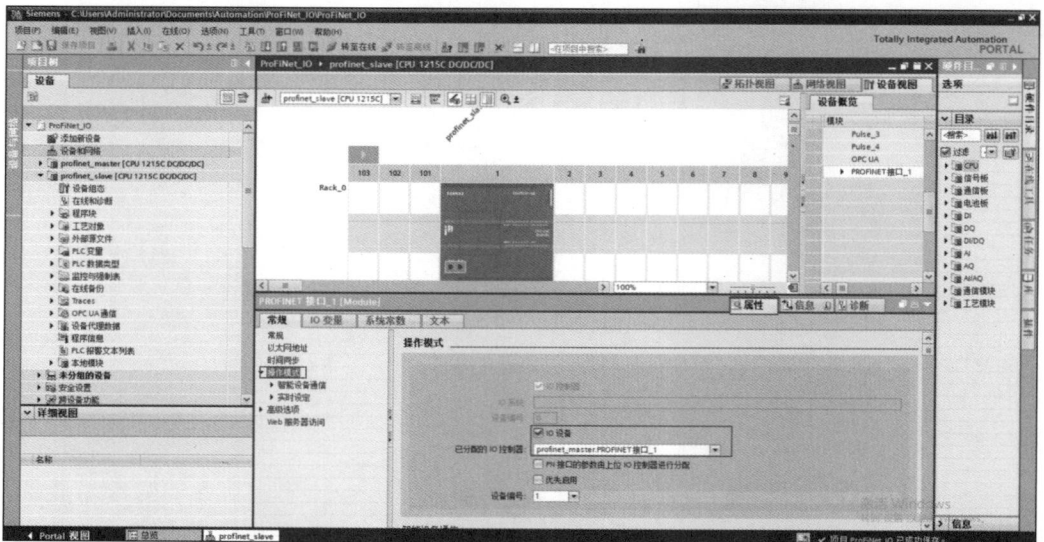

图 6-11   配置 profinet_slave

步骤 6：在智能设备通信页中配置相应的传输区，如图 6-12 所示。可以发现，profinet_master 的 Q2 映射到 profinet_slave 的 I2，将 profinet_slave 的 Q2 映射到 profinet_master 的 I2。

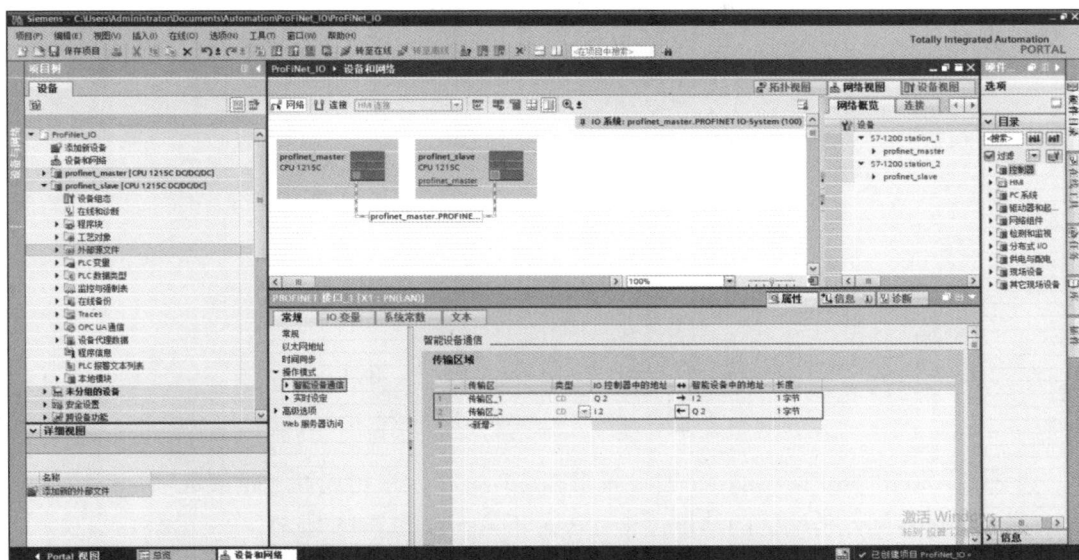

图 6-12　配置传输区

同样地，我们为 profinet_slave 配置 IP 地址，要求它与主站位于同一网段。profinet_slave 的 IP 地址如图 6-13 所示。

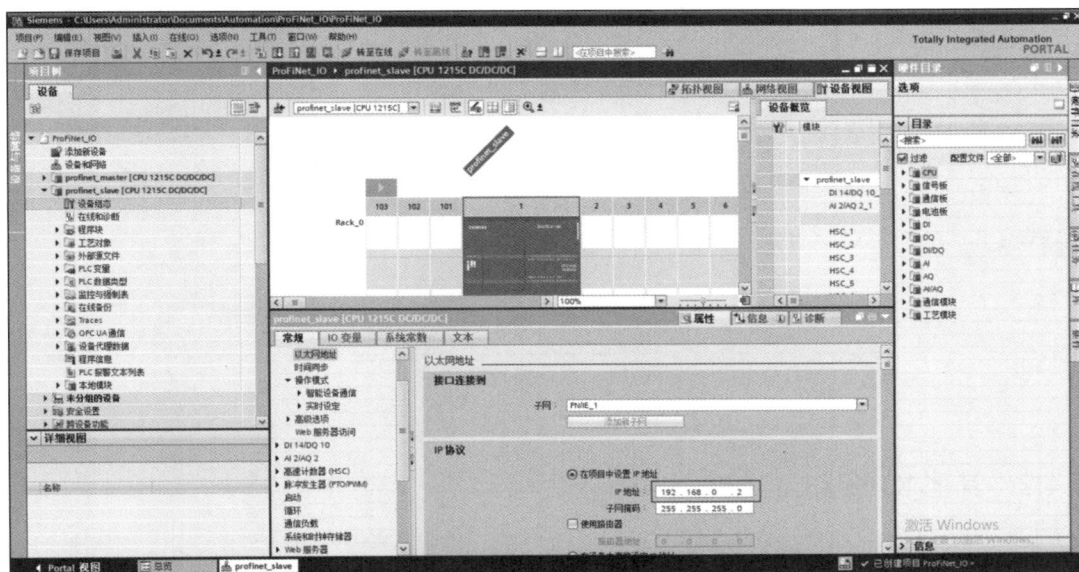

图 6-13　profinet_slave 的 IP 地址

至此，两个设备已经配置好通信参数。我们在 profinet_master 的分布式 I/O 选项中可以看见主站下分布配置的从站，如图 6-14 所示。

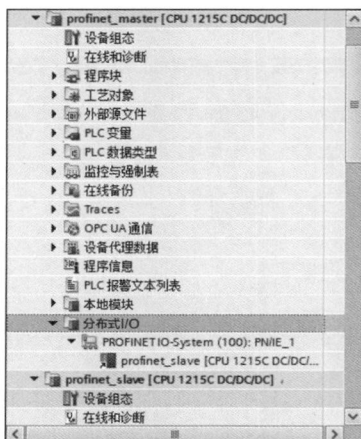

图 6-14　profinet_master 下的从站

步骤 7：双击 profinet_master 的设备组态选项，依次单击属性—常规选项，在地址总览选项下可以看到，传输区的地址位于列表最下方，如图 6-15 所示。

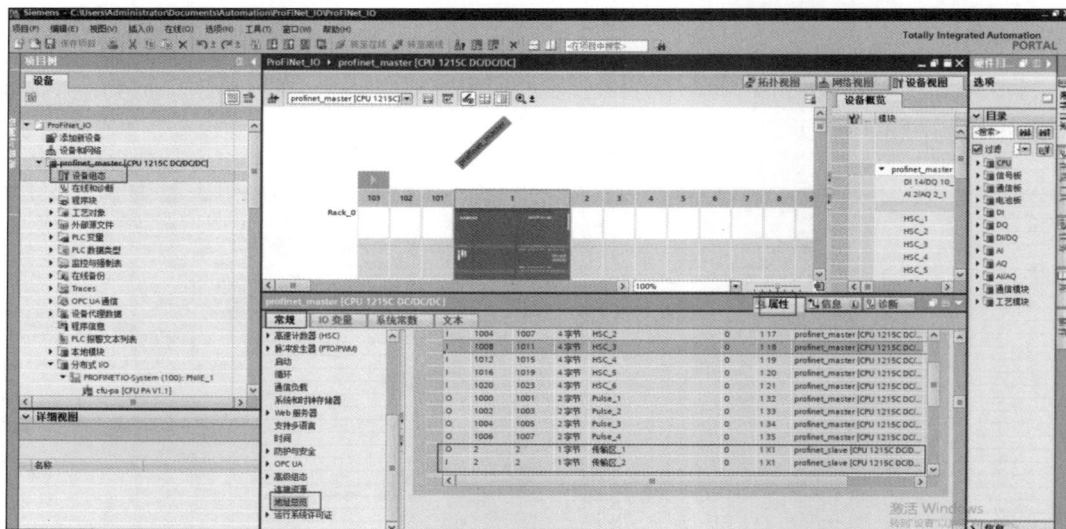

图 6-15　查看传输区地址

6.4.2　其他 IO 设备

选择其他设备作为 IO 设备的 PROFINET 组网步骤如下。

步骤 1：在图 6-16 所示界面上双击设备和网络选项，在右边的目录选项区中选择设备，将其拖入视图区，即可添加。

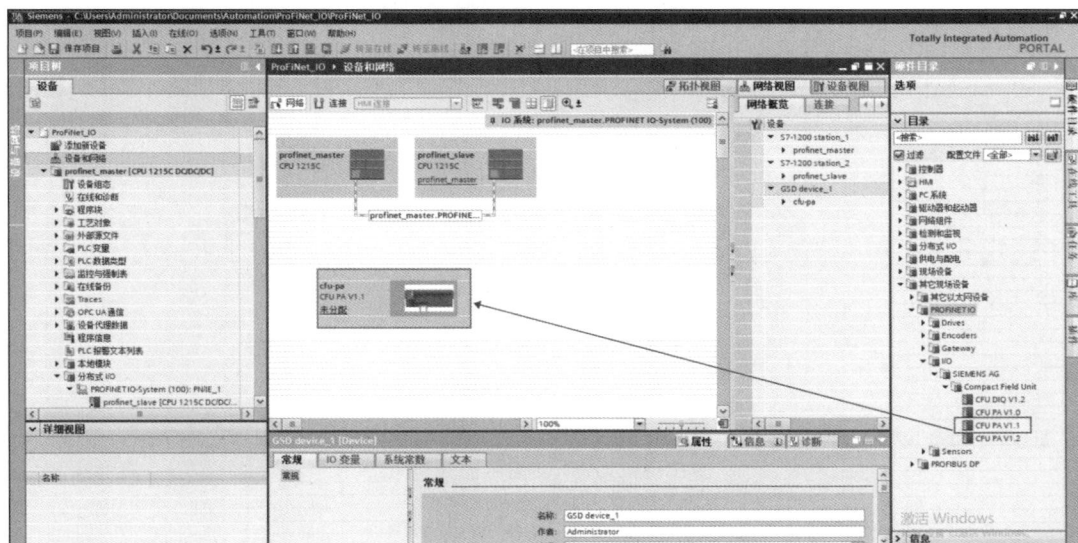

图 6-16　添加 IO 设备

步骤 2：单击未分配选项，选择 IO 控制器 profinet_master.PROFINET 接口_1 选项，将两设备相连，如图 6-17 所示。

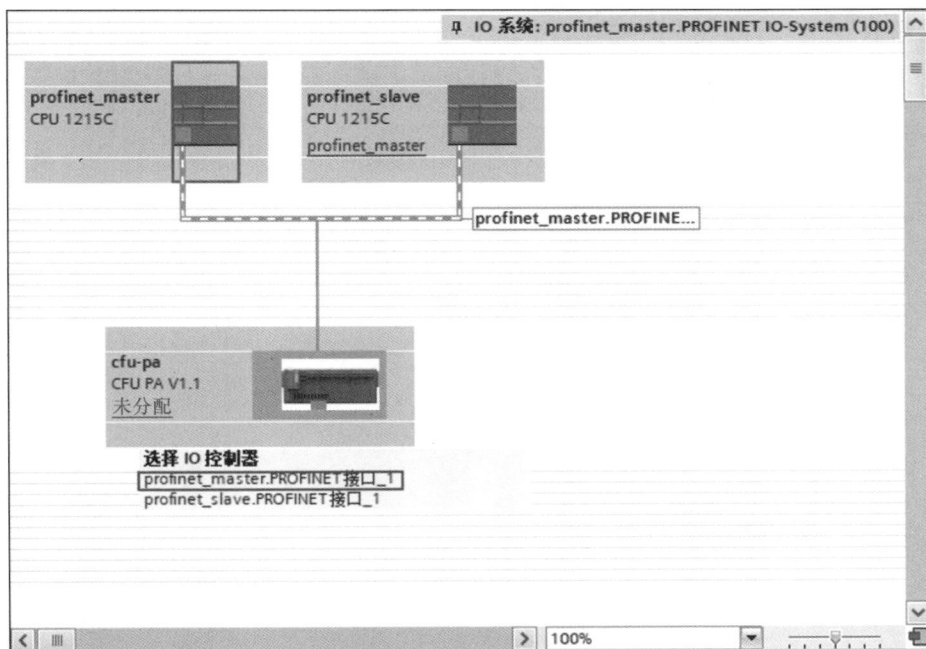

图 6-17　设备连接

步骤 3：为该 IO 设备配置 IP 地址，如图 6-18 所示。

图 6-18　为 IO 设备配置 IP 地址

至此，IO 设备与主站 profinet_master 的通信便完成了。

6.4.3　导入 IO 设备

当采用其他 IO 设备时，我们可能需要导入对应的 GSD 文件。下面以实训台配备的 IO 远程模块为例，介绍导入步骤。

首先，使用 IO 设备对应的配置软件进行配置，并生成 GSD 文件，如图 6-19 所示。

图 6-19　生成 GSD 文件

然后，在 TIA 博途软件中依次单击选项—管理通用站描述文件(GSD)(D)选项，如图 6-20 所示。

图 6-20 管理通用站描述文件界面

最后，打开相应文件夹，选择刚才生成的 GSD 文件进行导入，如图 6-21 所示。

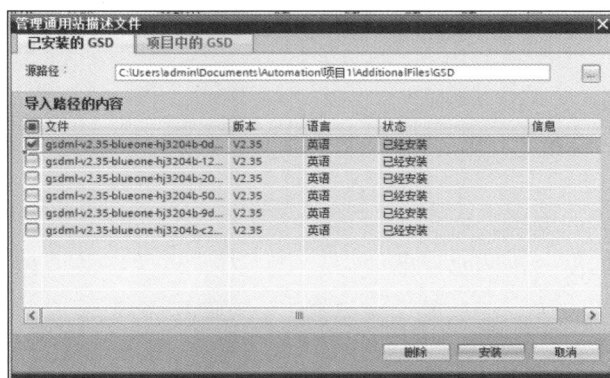

图 6-21 导入 GSD 文件

这样，IO 设备就添加到了目录中。

6.5 习题

1. 简述工业以太网的含义。
2. 简述 TCP/IP 模型。
3. 工业以太网交换机与路由器的区别是什么？

项目七 工业互联网网络技术

7.1 项目要求

1. 了解工业互联网网关的概念。
2. 掌握工业互联网路由的基础知识。
3. 能够通过利用 VMware 软件实现模拟工业互联网搭建。

7.2 学习目标

1. 掌握工业互联网网关和路由的配置方法。
2. 了解工业互联网安全的重要性。
3. 掌握运用 VMware 软件搭建工业互联网的方法。

7.3 相关知识

7.3.1 工业互联网网关概述

工业以太网是基于标准以太网（IEEE 802.3）技术，针对工业自动化环境优化设计的通信网络。它通过增强实时性、可靠性和抗干扰能力，克服了传统以太网在工业场景中的局限性，成为现代工业控制系统的核心通信基础设施。工业以太网的发展经历了从早期现场总线到实时以太网，再到时效性网络（TSN，time sensitive networking）的演进过程，逐步实现了从毫秒级到微秒级的高精度控制能力。当前，工业以太网已广泛应用于智能制造、能源电力、轨道交通等领域，并成为工业4.0和工业互联网的关键支撑技术。

工业以太网的核心特性主要体现在三方面：实时性、确定性和可靠性。

在实时性方面，通过协议优化（如 EtherCAT 的"飞读飞写"机制）和硬件加速，可实现微秒级的低时延通信，满足高速运动控制等严苛场景需求。

确定性方面，采用 TSN 技术，通过 IEEE 802.1AS 时间同步、IEEE 802.1Qbv 流量调度等机制，确保关键数据在规定时间内精准传输。

可靠性方面，则通过工业级硬件设计（如 M12 连接器、屏蔽线缆）、冗余网络拓扑以及完善的故障恢复机制，保障系统在恶劣工业环境下的稳定运行。这些特性共同构成了工业以太网区别于商用以太网的技术优势。

7.3.2　工业网关架构体系

工业网关（industrial gateway）是工业物联网生态系统中的核心组件，它扮演着连接工业现场设备与企业信息系统之间的桥梁角色。通过工业网关，可以实现从工厂底层设备到企业高层管理系统的无缝数据流动，从而为实时监控、数据分析、远程控制和决策支持提供支持。

工业网关的硬件部分通常包括处理器、内存、存储和各种接口。处理器负责执行网关上的软件程序，处理数据流；内存和存储则用于临时和长期的数据存储。接口方面，工业网关需要支持多种工业通信协议和标准，如 Modbus、Profibus、OPC UA 等，以便与不同类型的工业设备通信。此外，工业网关还可能包括用于连接企业网络的以太网接口、用于无线通信的 Wi-Fi 或蜂窝网络模块等。

软件部分是工业网关的灵魂，它包括操作系统、中间件、协议转换器、数据处理和安全模块等。操作系统可以是轻量级的，如 Linux 或 VxWorks，以确保系统的稳定性和实时性。中间件负责管理设备连接、数据流和 API。协议转换器使来自不同设备和系统的信息能够被正确解析和转换。数据处理模块负责数据的收集、过滤、聚合和分析。安全模块则确保数据传输和存储的安全性，防止未授权访问和数据泄露。

通信协议是工业网关与设备和企业信息系统之间通信的规则和标准。工业网关需要支持多种协议，以确保与不同厂商和类型的设备兼容。除了前面提到的工业通信协议，还可能包括用于企业网络的 TCP/IP、HTTP 等协议。这些协议确保数据可以高效、准确地在网络中传输。

工业网关在工业物联网中的作用不仅限于数据的简单转发，它还可以执行边缘计算任务，如数据预处理、实时分析和决策支持，从而减少对中心云或数据中心的依赖，降低时延，提高系统的响应速度。此外，工业网关还可以提供设备管理功能，如固件更新、远程配置和故障诊断，以提高整个工业系统的可维护性和可靠性。

在设计和部署工业网关时，需要考虑其可扩展性、兼容性和易用性。随着工业 4.0 和智能制造的发展，工业网关正变得越来越智能化，它们能够支持更复杂的算法和应用，以满足不断增长的工业自动化和信息化需求。通过持续的技术创新，工业网关将继续推动工业物联网的发展，为工业自动化和智能化提供强大的支持。

工业网关是工业物联网中的关键组件，它连接了工业现场设备与企业信息系统，如制造执行系统、企业资源规划系统等。工业网关的架构体系设计需要考虑可扩展性、兼容性、安全性和可靠性，以适应不断变化的工业环境和业务需求。随着工业 4.0 和智能制造的发展，对工业网关的功能和性能要求也在不断提升。

1．硬件架构

工业网关是工业物联网中的关键组件，它连接了工业设备和企业 IT 系统，负责数据的收集、处理和传输。为了确保工业网关能够高效、稳定地运行，其设计必须考虑到多个关键组成部分，包括处理器单元、内存、存储、通信接口、I/O 接口、电源管理和安全特性。

处理器单元：工业网关的处理器单元是其核心，它负责执行所有的计算任务。高性能的微处理器或微控制器是工业网关的首选，因为它们能够提供必要的计算能力以满足实时数据处理的需求。例如，基于 ARM 架构的处理器因其低功耗和高性能的特点而被广泛应用于工业网关中。此外，处理器单元还应具备足够的处理速度和内存带宽，以支持复杂的算法和大数据量的处理。

内存：工业网关需要足够的内存来存储操作系统、应用程序和临时数据。通常，内存分为随机存取存储器（RAM）和只读存储器（ROM）。RAM 用于快速读写操作，而 ROM 则用于存储固件和启动代码。为了保证工业网关的稳定性和可靠性，内存应具备高速读写能力和足够的容量。

存储：固态硬盘（SSD）或闪存（flash）是工业网关中用于长期存储数据和固件的存储介质。它们具有无机械运动部件、低功耗和快速读写速度的特点，非常适合工业环境。存储介质应具备足够的容量来存储历史数据、日志文件和应用程序更新，同时还要保证数据的持久性和可靠性。

通信接口：工业网关需要支持多种通信协议和接口，以确保与不同类型的工业设备和系统兼容。以太网是最常见的有线通信方式，它提供高速的数据传输能力。串行通信接口，如 RS-232 和 RS-485，用于连接传统的工业设备。无线通信接口，如 Wi-Fi、蓝牙、LoRa 和 NB-IoT，则为工业网关提供了灵活的远程连接能力。

I/O 接口：工业网关的 I/O 接口用于连接各种工业传感器和执行器。数字输入/输出（DI/DO）接口可以处理开关信号，而模拟输入/输出接口则可以处理连续变化的信号，如温度、压力和流量等。这些接口的设计必须能够适应工业环境中的各种电气和物理条件。

电源管理：工业网关需要稳定的电源供应，并具备电源故障保护和电源管理功能。这包括过压、欠压和短路保护，以及电源故障时的自动重启功能。此外，为了提高能效和延长设备寿命，工业网关的电源管理还应包括电源消耗监控和优化。

安全特性：随着工业自动化和信息化的深入发展，工业网关的安全性变得越来越重要。安全特性包括硬件加密模块、安全启动和物理安全措施。硬件加密模块可以保护数据传输过程中的安全，防止数据被截获或篡改。安全启动确保设备只能加载经过验证的软件，防止恶意软件的植入。物理安全措施，如防篡改设计，可以防止未经授权的物理访问，硬件架构如图 7-1 所示。

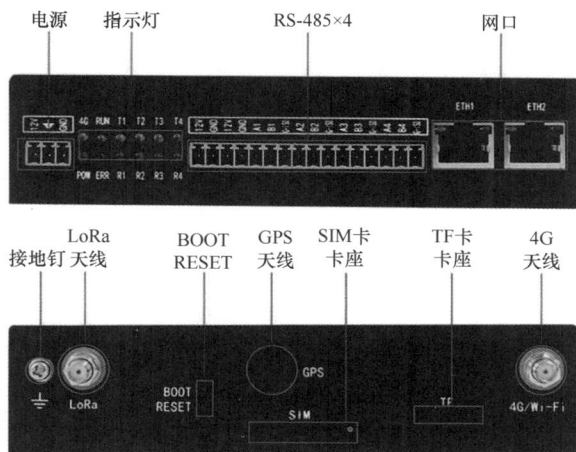

图 7-1   硬件架构

2．软件架构

工业网关是工业物联网中的关键组件，它连接了工业现场的设备和传感器与企业网络或云平台。为了确保工业网关的高效运行，其软件架构通常包括几个核心组件，即操作系统、设备驱动程序、中间件、应用程序和安全软件。

（1）操作系统

工业网关的操作系统是整个系统运行的基础。轻量级的实时操作系统，如 VxWorks和 FreeRTOS，因其高可靠性和实时性，特别适合于对响应时间要求严格的工业控制环境。它们通常用于嵌入式系统中，能够提供稳定的运行环境和高效的资源管理。而通用操作系统如 Linux，则因其开放性和灵活性，被广泛应用于功能更为复杂、需要运行多种应用程序的工业网关中。Linux 支持广泛的硬件平台，拥有丰富的软件资源和社区支持，使得开发和维护更为便捷。

（2）设备驱动程序

设备驱动程序是工业网关与外部设备通信的桥梁。它负责将操作系统的抽象服务转换为特定硬件设备能够理解的命令。由于工业现场的设备种类繁多，包括各种传感器、执行器和通信模块，因此需要相应的驱动程序支持这些硬件的接口。这些驱动程序通常需要处理硬件的初始化、数据读取、状态监控和故障处理等任务。

（3）中间件

中间件是工业网关软件架构中的重要组成部分，它为上层应用提供了丰富的服务。数据采集引擎负责从各种传感器和设备中收集数据；协议转换器则确保不同通信协议之间的数据能够正确转换和传输；消息队列用于管理数据流，保证数据的有序处理；数据缓存则为数据处理提供了临时存储空间，以应对网络时延或中断的情况。中间件的设计需要考虑到实时性、可靠性和扩展性，以适应不断变化的工业应用需求。

（4）应用程序

应用程序是工业网关软件架构的顶层，直接面向用户和业务逻辑。这些应用程序可以实现数据采集、设备监控、故障诊断和远程控制等多种功能。它们通常需要与中间件紧密集成，以获取实时数据并执行相应的控制命令。应用程序的设计需要考虑到用户界面的友好性、操作的简便性以及功能的灵活性，以满足不同用户的需求。

（5）安全软件

随着工业自动化系统越来越多地连接到互联网，安全问题变得日益重要。安全软件包括防火墙、入侵检测系统（IDS，intrusion detection system）、数据加密和认证机制等，它们共同构成了工业网关的安全防线。防火墙可以阻止未授权的访问，IDS 可以监测和报告可疑活动，数据加密确保数据在传输过程中的安全，认证机制则确保只有授权用户才能访问网关。随着工业 4.0 的发展，安全软件的重要性日益凸显，需要不断更新以应对新的安全威胁。

工业网关的软件架构是一个复杂的系统，它需要综合考虑实时性、可靠性、安全性和易用性等多方面因素。通过精心设计的操作系统、设备驱动程序、中间件、应用程序和安全软件，工业网关能够有效地连接各种工业设备，实现数据的采集、处理和传输，为工业自动化和智能化提供强大的支持。软件架构如图 7-2 所示。

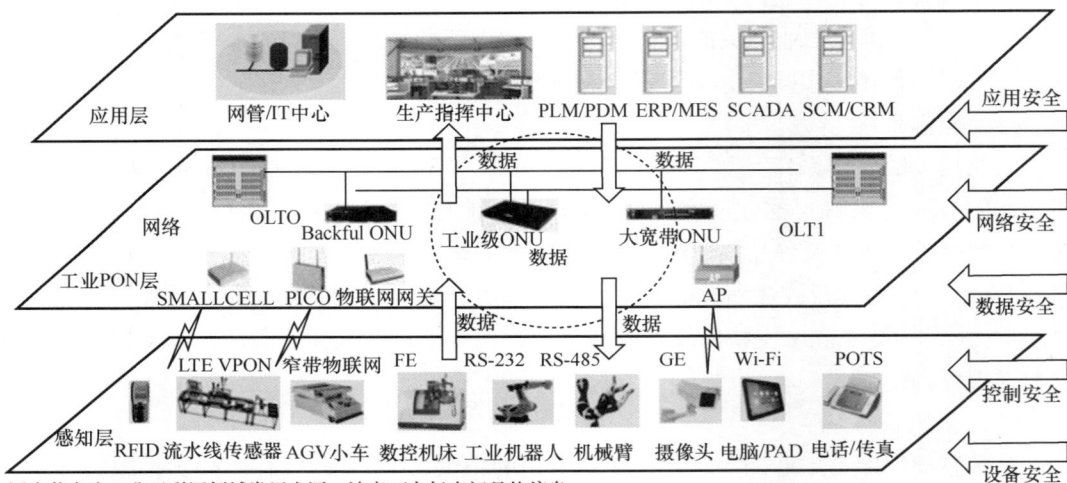

图中英文为工业互联网领域常用术语，读者可自行查阅具体信息。

图 7-2　软件架构

3．通信协议

在现代工业自动化和信息技术领域，通信协议扮演着至关重要的角色。它们确保了不同设备、系统和平台之间能够高效、准确地交换信息。

（1）现场总线协议

现场总线协议是工业自动化中用于连接现场设备（如传感器、执行器、PLC 等）的基础通信协议。它们通常用于构建控制网络，实现设备间的低速数据交换，例如 Modbus 和 ProfibusPA。

Modbus 前文已详细介绍，故这里只介绍 ProfibusPA。

ProfibusPA（process automation）专为过程自动化设计，用于连接过程控制设备，如压力和温度传感器、流量计、执行器等。ProfibusPA 的特点包括以下几个。

本征安全：ProfibusPA 支持本征安全通信，允许在易爆环境中安全地传输数据。

电源和数据共享：ProfibusPA 使用双线制，允许数据和电源在同一条电缆上共享，简化了布线和安装。

符合过程工业标准：它符合过程工业的通信标准，如 IEC 61158 和 IEC 61784。

高可靠性：ProfibusPA 设计用于高可靠性的工业环境，能够处理长距离传输并适应恶劣的工业条件。

尽管 ProfibusDP 和 ProfibusPA 针对不同的应用领域，但它们共享一些特点：

开放标准：Profibus 是一种开放标准，由 Profibus 国际组织维护。

互操作性：不同制造商生产的 Profibus 设备可以互操作，确保了不同系统和设备之间的兼容性。

强大的网络管理：Profibus 网络支持强大的网络管理功能，包括设备配置、故障诊断和网络监控。

随着技术的发展，Profibus也在不断演进。例如，ProfibusPA可以与可寻址远程传感器高速通道（HART，highway addressable remote transducer）通信协议兼容，允许HART设备在ProfibusPA网络上运行。此外，Profibus的继任者PROFINET基于以太网技术，提供了更高的数据传输速率和更灵活的网络架构，同时保持了与Profibus设备的兼容性。Profibus协议结构如图7-3所示。

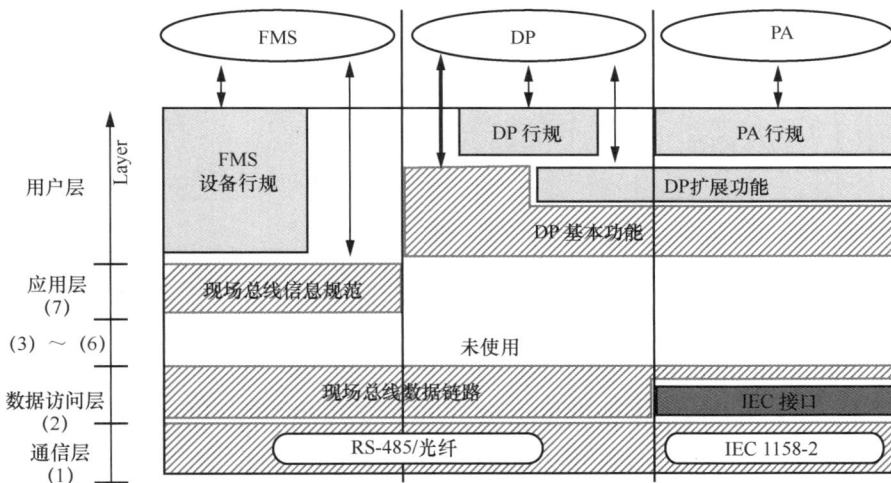

图 7-3　Profibus 协议结构

CANopen 是基于 CAN 总线技术的高层协议，广泛应用于自动化和控制网络。

CANopen 是一种基于 CAN 总线的高层通信协议，它为设备之间的数据交换和通信提供了标准化的解决方案。CANopen 协议最初由 CiA（CAN in automation）组织开发，旨在为工业自动化领域提供一种高效、可靠的通信方式。CANopen 广泛应用于各种自动化设备和系统中，如机器人、传感器、执行器和医疗设备等。

CANopen 协议是一种分层的通信协议，它包括物理层、数据链路层、网络层、传输层和应用层，这种结构化设计使协议具有良好的模块化和可扩展性。为了实现不同厂商设备之间的互操作性，CANopen 为各种设备，如传感器、执行器和驱动器等定义了特定的子协议，这些子协议规定了设备的通信行为、数据格式和功能。设备描述文件（EDS）以文本格式描述设备的通信参数和功能，便于设备集成和配置。对象字典用于管理设备内部的数据和功能，它是一个结构化的数据存储，允许远程配置和控制设备。网络管理功能确保设备的启动、关闭、错误处理和同步，维护网络的稳定运行。CANopen 协议通过结合时间触发和事件触发机制，保证了数据传输的实时性和可靠性，并支持时间戳、心跳消息和紧急消息等机制。此外，CANopen 还提供消息认证、加密和访问控制等安全机制，以保护网络通信的安全。

CANopen 协议是一种功能强大、灵活且可靠的通信协议，广泛应用于工业自动化领域。通过采用 CANopen 协议，设备制造商可以轻松实现设备的互操作性和网络集成，从而提高生产效率和降低成本。CANopen 协议应用架构如图 7-4 所示。

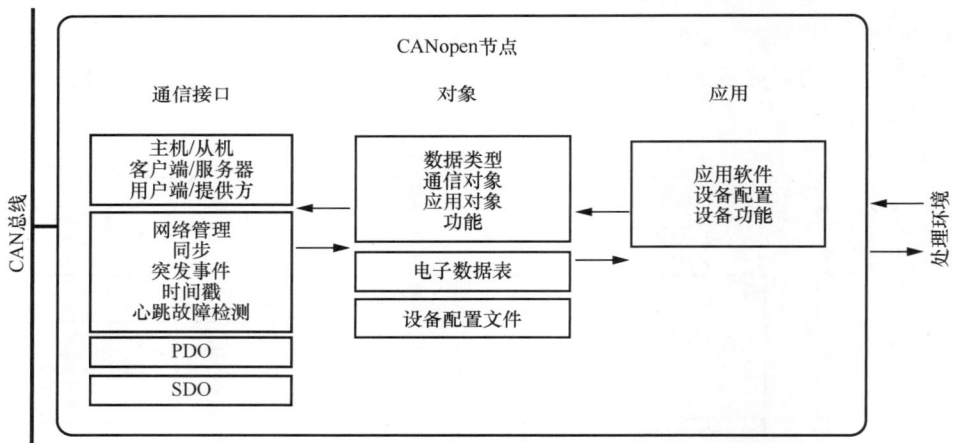

图 7-4　CANopen 协议应用架构

（2）工业以太网协议

随着工业自动化对数据传输速度和实时性要求的提高，工业以太网协议应运而生，它们支持高速数据传输和确定性通信。例如：

EtherCAT 是一种高性能的以太网现场总线技术，以其高速和低时延而闻名。

EtherCAT 是一种以太网通信协议，专为工业自动化应用而设计。它由德国倍福公司在 2003 年开发，并于 2007 年作为国际标准 IEC 61158 和 IEC 61784 的一部分发布。EtherCAT 以其高速、高效率和灵活性而闻名，已成为工业自动化领域中应用广泛的实时以太网解决方案之一。

EtherCAT 以其高速性能、灵活性、易用性、可扩展性和高可靠性而著称。它支持高达 100 Mbit/s 甚至 1 Gbit/s 的通信速率，并通过分布式时钟技术实现微秒级同步精度。该协议采用一种高效的帧处理机制，允许数据在传输过程中实时读写，从而显著提升通信效率。EtherCAT 支持多种网络拓扑，包括线性、树形、星形和环形，为用户提供了设计网络结构的灵活性。由于使用标准为以太网硬件和物理层，它能够利用现有的以太网基础设施，并支持多种工业通信协议，便于与其他设备和系统集成。此外，EtherCAT 能够轻松扩展，支持从单个节点到数千个节点的应用，并具备热插拔功能，允许在不中断系统运行的情况下进行节点的添加或移除。在可靠性方面，EtherCAT 具备强大的错误检测和处理能力，并支持冗余功能，以增强系统的容错能力。

由于以上特点，EtherCAT 在工业自动化领域得到了广泛应用，如机器人控制、包装机械、半导体制造、汽车制造和过程自动化等。随着工业 4.0 和智能制造的发展，EtherCAT 作为一种高效的实时通信协议，将继续发挥重要作用，其结构如图 7-5 所示。

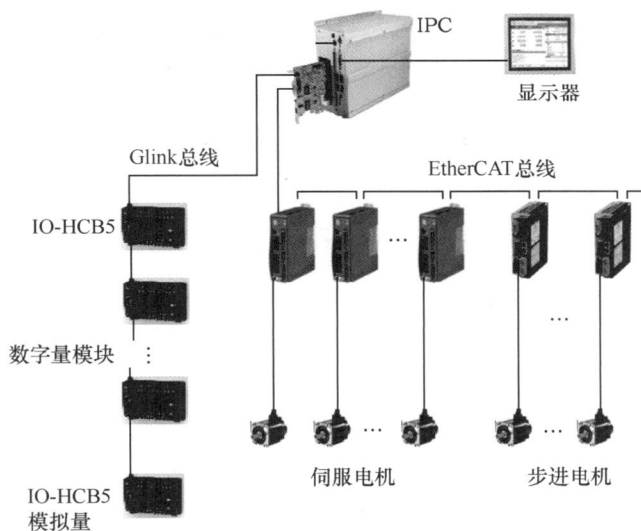

图 7-5 EtherCAT 协议结构

PROFINET 是西门子推出的工业以太网通信标准，支持实时通信和集成 IT 标准。

PROFINET 是一种工业以太网通信协议，由 PROFIBUS & PROFINET International（PI）组织开发，旨在实现自动化设备和系统之间的实时、可靠和安全通信。PROFINET 是 PROFIBUS 的自然扩展，后者是一种广泛使用的现场总线技术。PROFINET 采用标准的以太网技术，支持 TCP/IP 协议，并且可以与现有的 IT 系统无缝集成。

PROFINET 是一种先进的工业通信协议，它以实时性、灵活性、可互操作性、集成性、安全性和易于使用为主要特点。它支持实时数据交换，确保工业自动化应用中的快速响应时间，并提供 3 种实时级别：Isochronous Real-Time（IRT）、Real-Time 和 Standard。PROFINET 支持多种网络拓扑结构，包括星形、线形和环形拓扑，并支持无线通信，为工业自动化提供了更大的灵活性。此外，PROFINET 设备和系统可以轻松集成到现有的自动化环境中，支持多种现场总线和工业以太网协议，如 PROFIBUS、Modbus 和 Ethernet/IP。PROFINET 还可以与现有的 IT 系统无缝集成，实现企业资源计划系统和制造执行系统等应用的集成。为了确保数据传输的安全性，PROFINET 提供了多种安全机制，包括数据加密、身份验证和访问控制。最后，PROFINET 设备和系统易于配置和维护，支持即插即用功能，使设备安装和调试更加简单。

PROFINET 应用广泛，适用于各种工业自动化领域，如汽车制造、食品和饮料、制药、化工、能源和基础设施等。随着工业物联网的发展，PROFINET 在实现智能工厂和数字化制造方面发挥着越来越重要的作用，其结构如图 7-6 所示。

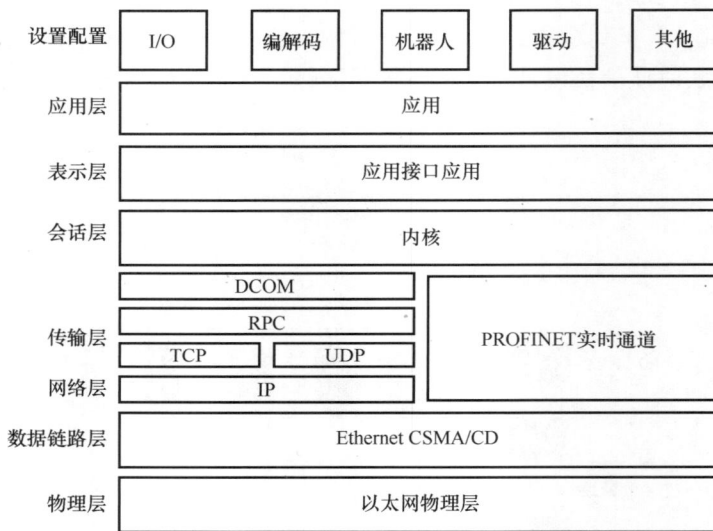

图 7-6　PROFINET 协议结构

Ethernet/IP 是一种工业自动化通信协议，它允许工业设备通过标准的以太网技术进行数据交换。Ethernet/IP 是基于 TCP/IP 协议族的，它结合了以太网的物理层和数据链路层以及互联网协议（IP）层，使工业设备能够利用现有的以太网基础设施进行通信。

Ethernet/IP 协议由 ODVA（open devicenet vendor association）开发，旨在为工业自动化领域提供一种开放、标准的通信方式。它支持实时数据传输，确保了工业控制系统的响应时间和可靠性。Ethernet/IP 协议支持多种数据类型，包括控制数据、参数数据、诊断数据等，能够满足各种工业应用的需求。

Ethernet/IP 协议的一个关键特性是它能够与现有的工业网络协议如 DeviceNet 和 ControlNet 共存，允许制造商在升级到以太网技术的同时，保持与现有设备的兼容性。此外，Ethernet/IP 还支持多种网络拓扑结构，包括星型、总线型和环型，为工业网络设计提供了灵活性。

Ethernet/IP 协议通过利用标准的以太网技术，为工业自动化领域提供了一种高

效、可靠且开放的通信解决方案,有助于提高工业设备的互操作性和网络的可扩展性,
如图 7-7 所示。

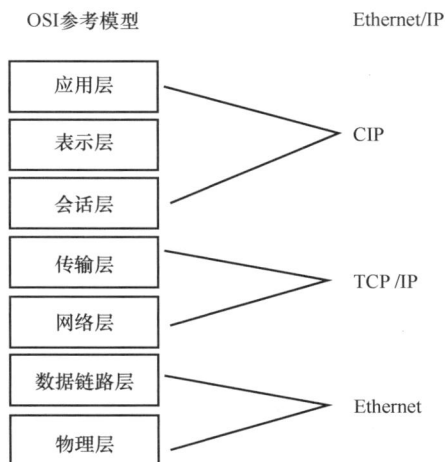

OSI参考模型　　　　　　　　Ethernet/IP

应用层

表示层　　　　　　　CIP

会话层

传输层　　　　　　　TCP /IP

网络层

数据链路层　　　　　　Ethernet

物理层

图 7-7　Ethernet/IP 通信协议

（3）无线通信协议

随着物联网（IoT）技术的发展，无线通信协议变得越来越重要，特别是在需要低功耗和广域覆盖的场合。

消息队列遥测传输（MQTT，message queuing telemetry transport）是一种轻量级的消息协议，适用于带宽有限的网络环境。

受限应用协议（CoAP，constrained application protocol）是一种专为低功耗、低带宽的物联网设备设计的通信协议。

（4）云通信协议

随着云计算技术的普及，云通信协议变得不可或缺，它们负责在本地设备和云平台之间传输数据。例如：

OPC UA（open platform communications unified architecture）是一种跨平台、面向服务的通信协议，广泛应用于工业自动化和信息交换。

高级消息队列协议（AMQP，advanced message queuing protocol）是一种开放标准的应用层协议，用于在不同系统之间可靠地传递消息。

（5）数据格式和编码：

在数据交换过程中,数据格式和编码是确保数据能够被正确解析和理解的关键。例如：

JSON（java script object notation）是一种轻量级的数据交换格式，易于人阅读和编写，同时也易于机器解析和生成。

XML（xtensible markup language）是一种标记语言，用于存储和传输数据，它支持自定义的标签，适合复杂的数据结构。

Protocol Buffers 是谷歌开发的一种数据序列化格式，它比 XML 和 JSON 更小、更快、

更简单。

在选择合适的通信协议时，需要考虑多种因素，包括网络环境、设备兼容性、数据传输需求、实时性要求、安全性要求以及成本效益等。随着技术的不断进步，新的协议和标准也在不断涌现，为工业自动化和信息技术的发展提供了强大的支持。

7.3.3 工业互联网路由体系概述

工业互联网路由体系是工业互联网架构中的关键组成部分，它负责在工业设备、系统和应用之间高效、可靠地传输数据。工业互联网路由体系的设计和实施对于确保工业自动化、智能制造和工业物联网应用的性能至关重要。

1．定义与目的

工业互联网路由体系是指在工业环境中，通过网络设备（如路由器、交换机、网关等）实现数据包从源到目的地的传输路径选择和转发的机制，其主要目的是确保数据在复杂的工业网络中能够高效、安全、可靠地传输。

2．关键特性

可靠性：工业环境对数据传输的可靠性要求极高，路由体系必须能够处理网络故障，确保数据传输的连续性和稳定性。

实时性：许多工业应用需要实时或近实时的数据处理，路由体系需要优化以减少时延和抖动。

安全性：工业网络往往包含敏感数据，路由体系必须具备强大的安全特性，如加密、访问控制和防火墙功能。

可扩展性：随着工业互联网的发展，网络规模和设备数量会不断增加，路由体系需要能够灵活扩展以适应变化。

兼容性：工业互联网路由体系需要支持多种工业通信协议和标准，以确保不同设备和系统之间的互操作性。

3．架构层次

接入层：负责连接各种工业设备和传感器，将它们接入网络。

汇聚层：将接入层收集的数据进行初步处理，并进行路由决策，以优化数据流向核心网络。

核心层：负责高效地传输大量数据，通常使用高速、高容量的网络设备。

4．关键技术和标准

工业以太网：如 EtherNet/IP、PROFINET、ModbusTCP 等，它们是工业网络中常用的通信协议。

无线技术：如 Wi-Fi、蓝牙、LoRaWAN、5G 等，用于无线数据传输。

网络协议：如 TCP/IP、MQTT、OPC UA 等，用于数据包的路由和传输。

网络功能虚拟化（NFV，network functions virtualization）和软件定义网络（SDN，

software defined network）：这些技术可以提高网络的灵活性和可管理性。

5．挑战与趋势

网络的复杂性：随着设备数量的增加和网络规模的扩大，路由体系的管理变得越来越复杂。

边缘计算：将数据处理和分析任务推向网络边缘，以减少时延和带宽使用。

网络切片：在同一个物理网络上创建多个虚拟网络，以满足不同应用和服务的特定需求。

人工智能与机器学习：利用人工智能和机器学习技术优化路由决策，提高网络性能和故障预测能力。

工业互联网路由体系是实现工业数字化转型的基础，它不仅需要满足当前工业应用的需求，还要能够适应未来技术的发展和工业网络的演进。

7.4 实验过程

在现代工业自动化和智能制造领域，工业以太网技术扮演着至关重要的角色。它不仅提供了设备间的高速数据传输通道，还支持复杂的控制和监控功能。然而，由于工业环境的特殊性，直接在真实工业环境中进行网络技术的学习和实验往往存在成本高、风险大等问题。这时，VMware 虚拟化技术提供了一个理想的解决方案。

VMware 虚拟化技术允许我们在虚拟环境中模拟和构建复杂的工业网络系统，而不需要昂贵的物理设备和潜在的风险。通过 VMware Workstation 或 vSphere 等工具，我们可以创建多个虚拟机，模拟不同的工业设备和网络节点，实现 Modbus TCP、OPC UA 等工业以太网通信协议的测试和验证。以下实验将介绍 VMware 虚拟机网络设置。

VMware 虚拟机是一种在物理硬件上运行的软件应用程序，它模拟了物理硬件的环境，使用户可以在虚拟机上安装和运行操作系统和应用程序。

VMware 提供了多种虚拟化产品，其中最著名的是 VMware vSphere 和 VMware Workstation。

VMware vSphere 是 VMware 的服务器虚拟化解决方案，它包括 ESXi（一种轻量级的虚拟化操作系统）和 vCenter Server（用于管理和监控虚拟化环境的管理平台）。vSphere 可以将物理服务器划分为多个虚拟机，从而提高服务器利用率和灵活性。

VMware Workstation 是 VMware 的桌面虚拟化解决方案，它允许用户在同一台计算机上运行多个操作系统。用户可以在 Windows 或 Linux 主机上创建和运行虚拟机，以便测试软件、开发应用程序或运行其他操作系统。

对于 VMware 虚拟机网络设置，我们使用 NAT 模式，如图 7-8 所示。

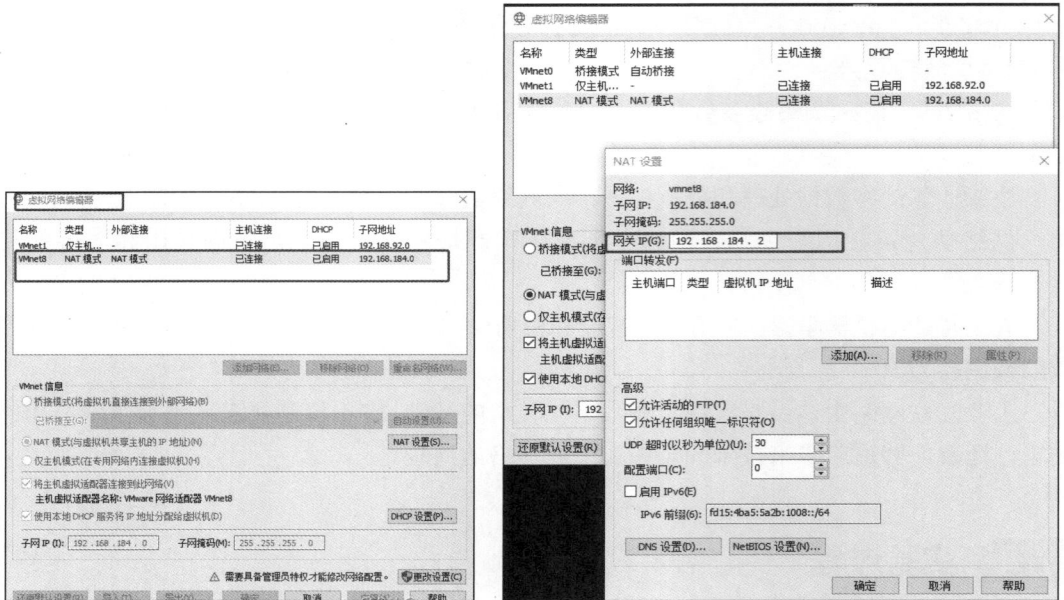

（a）启用 NAT 模式　　　　　　　　　　　　　　（b）设置网关 IP 地址

图 7-8　NAT 模式设置

主机 VMnet8 虚拟网卡的设置如图 7-9 所示，读者按此操作即可。

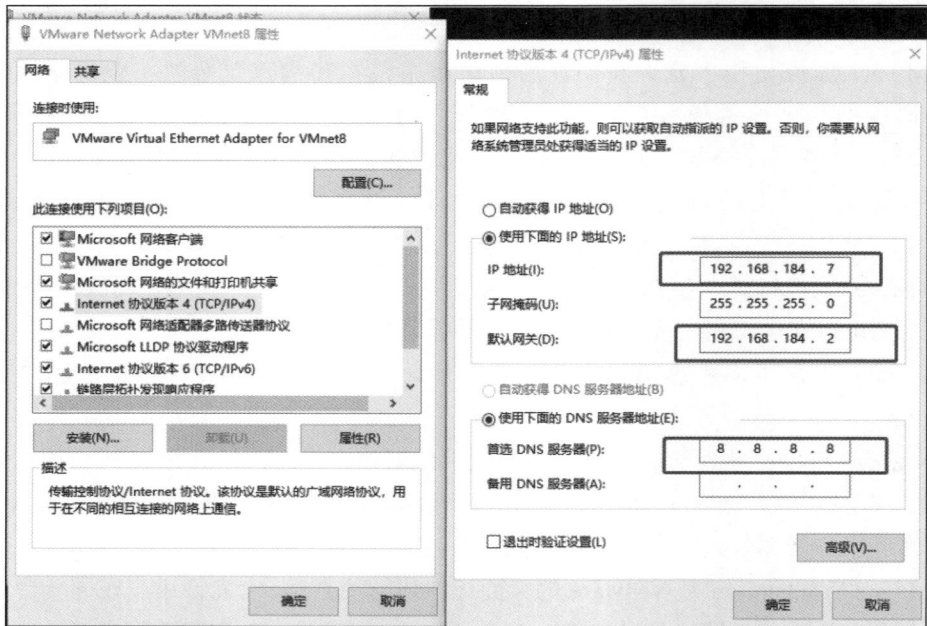

图 7-9　VMnet8 虚拟网卡的设置

多个虚拟机设置为自动获取 IP 地址即可。

7.5 习题

1. 工业互联网网关的特性有哪些?
2. 工业网关的软件架构包括哪些核心组件?
3. 工业互联网网关根据其应用的环境和功能可以分为哪几类?
4. 在网络设置中，NAT 模式的主要特点是什么?

项目八 工业网关

8.1 **项目要求**

1．了解工业网关的概念。
2．了解工业网关的功能。
3．熟悉工业网关的 MQTT 基础知识。

8.2 **学习目标**

1．掌握 RTU 的配置方法。
2．掌握 MQTT 的配置方法。

8.3 **相关知识**

8.3.1　工业网关概述

1．网关

网关是一种用于连接不同网络的网络设备，其作用是实现网络之间的通信和数据交换。它负责将一个网络的数据转发到另一个网络，并且可以进行路由、转换和过滤等处理。通常用于连接局域网和广域网之间，可以是硬件设备或者软件程序。通过网关，用户可以访问外部网络，同时也可以与外部网络进行交流。网关设备的作用是将信息从一种协议转换为另一种协议。这个特殊功能使网关与其他工具（比如防火墙）有所区别。同时，网关还可以充当网络的唯一入口点，提供更高级别的安全性来保护网络基础设施。

2．工业网关的起源

工业网关的起源可以追溯到 20 世纪 70 年代。那个时候，工业控制系统逐渐发展，并开始在工厂和设备的自动化过程中被广泛应用。然而，由于不同厂商和设备使用了不同的通信协议，设备之间的互联变得困难。为了解决这一问题，工业网关应运而生。工业网关是一种设备，用于转换和连接不同的通信协议。它可以转换和传输来自不同厂商和设备的通信数据，使它们能够相互交流和合作。随着技术的不断进步，工业网关也在不断改进和变化。从最早的硬件设备到如今的软件应用，工业网关的功能和性能有了显著的提高。它已经成为工业自动化和智能制造中不可或缺的组成部分，为各行各业的生产和运营提供了重要的支持。工业网关的发展促进了工业互联网的兴起。借助工业网关，设备和系统可以相互连接，实现数据共享和监控，从而提高生产效率和质量。

在 20 世纪 70 年代初，第一台网关设备问世了，它也是远程计算机网络的先驱。其中具有代表性的是 ARPANET 和 ALOHANET。随着 20 世纪 80 年代的到来，计算机网络从科学测试转变为企业和普通大众的常用工具，这要归功于 TCP/IP 协议的普及。TCP/IP 协议简化并标准化了计算机间的通信，同时也推动了网络设备的发展，例如我们现在常见的调制解调器和路由器。网关就是将调制解调器和路由器组合在一起的设备。这个设备的调制解调器功能允许连接家庭网络和互联网服务提供商的接口。调制解调器能接收模拟或数字信号，具体根据传输介质而定，然后将信号转换为计算机能理解的数据。路由器的功能是管理进出数据包，适当地重定向它们，或者在认为它们可疑时进行限制。

8.3.2　工业网关的功能

1．数据采集

工业网关在数据采集方面发挥着重要作用。它能够与众多类型的工业现场设备进行连接，包括各类传感器、仪表和控制器等。通过支持多种通信协议，如 Modbus、Profibus、CAN 等，工业网关可以实时获取这些设备产生的数据。无论是温度、压力、湿度等物理量，还是电流、电压等电气参数，亦或设备的运行状态、故障代码等信息，工业网关都能准确、迅速地进行采集。并且，它具备强大的兼容性，能够适应不同厂家、不同型号设备的数据采集需求，打破了设备之间的通信壁垒。采集到的数据具有高精度和高可靠性，为后续的数据处理、分析和应用提供了坚实的基础。

2．数据处理

工业网关在数据处理方面具有以下重要功能。首先，它能够对采集到的大量原始数据进行筛选和过滤，去除无效或错误的数据，提高数据质量和可用性。其次，工业网关可以对数据进行格式转换，将来自不同设备、不同格式的数据统一转化为标准化的格式，以便后续的传输和处理。再者，它能够进行数据压缩，减少数据量和存储需求，降低传输成本，同时提高数据传输效率。此外，工业网关还能执行简单的计算和分析，例如计算平均值、求和、差值等，提取关键数据特征。通过这些数据处理功能，工业网关为工业系统提供了更有价值、更易于管理和利用的数据，有助于实现更高效的生产控制和决策制定。

3．数据存储

工业网关在数据存储方面具有以下关键功能：工业网关通常配备一定容量的本地存储，能够临时存储采集到的数据。这在网络连接不稳定或中断的情况下，确保数据不会丢失。它可以按照预设的规则和时间间隔对数据进行分类存储，方便后续快速检索和调用。对于重要的关键数据，工业网关能够进行重点存储和备份，保障数据的安全性和完整性。同时，工业网关的存储功能还支持数据的循环覆盖，当存储空间达到上限时，自动删除早期的数据，以保证始终存储最新和最有价值的数据。此外，工业网关还能与外部存储设备进行连接，扩展存储容量，满足长期大量数据存储的需求。

4．数据传输

工业网关在数据传输方面发挥着重要作用，具备以下功能：工业网关支持多种网络连接方式，如以太网、Wi-Fi、蓝牙、蜂窝网络（4G/5G）等，能够灵活适应不同的工业场景和网络环境，确保数据稳定传输。它能够实现不同网络协议之间的转换，使来自工业现场设备的数据能够在各种网络中无缝传输，打破协议不兼容的限制。工业网关具备数据加密和认证功能，保障数据在传输过程中的安全性和完整性，防止数据被窃取或篡改。同时，它还可以根据网络状况和数据的优先级，对数据传输进行智能调度和优化，优先传输关键数据，提高数据传输的效率和可靠性。此外，工业网关能够实现远程数据传输，使工业现场的数据能够实时传输到远程监控中心或云平台，方便远程监控和管理。

8.4 实验过程

本实验由 RTU 连接计算机、RTU 连接 Wi-Fi 和配置 MQTT 三部分组成，以 WRC-826 为例，展示相关操作。

8.4.1 RTU 连接计算机

RTU 连接计算机的步骤如下。

步骤 1：检查 RTU 中是否有 SIM 卡，若有，则取出。RTU 的 SIM 卡侧面如图 8-1 所示。

步骤 2：接入电源适配器，其中红色线接入正极，黑色线接入负极，并把矩形标注的凹陷处拨片拨到左边，如图 8-2 所示。

图 8-1 RTU 的 SIM 卡侧面

图 8-2 RTU 电源侧面

步骤 3：将网线接入图 8-2 所示的 RJ-45 接口，连接 RTU，网线另一端连接计算机。

步骤 4：在计算机上按图 8-3 所示内容进入网络和共享中心界面，选择更改适配器设置选项。

图 8-3 网络和共享中心界面

步骤 5：在网络连接界面，用鼠标右键单击以太网选项，在弹出界面单击属性选项，双击 Internet 协议版本 4(TCP/IPV4)选项，按图 8-4 所示内容修改 IP 地址和子网掩码。

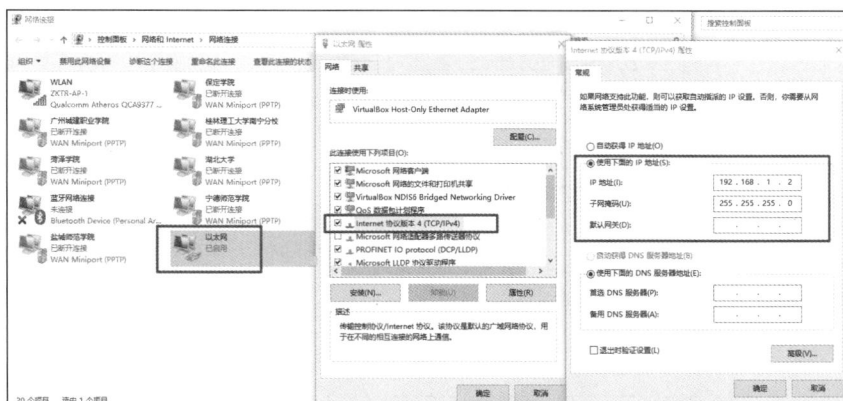

图 8-4 设置 IP 地址

步骤 6：打开 DTU_CONFIG 软件，配置 RTU（WRC826），设置它的连接参数为 192.168.1.251，其他参数按图 8-5 所示内容进行设置，并单击连接设备按钮。

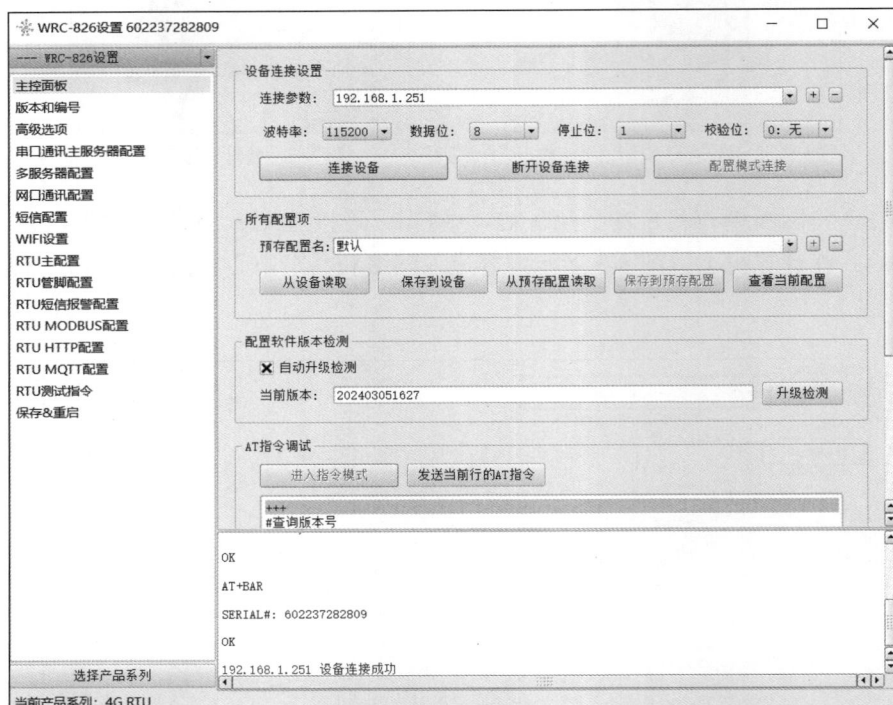

图 8-5　设置 WRC826

8.4.2　RTU 连接 Wi-Fi

RTU 连接 Wi-Fi 的步骤如下。

步骤 1：查看待连接的 Wi-Fi 属性，如图 8-6 所示。RTU 只能连接网络频带为 2.4 GHz 的 Wi-Fi。请注意，这里的网络通道需要记住。

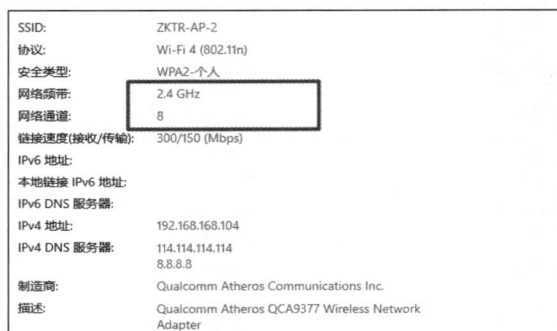

图 8-6　Wi-Fi 的属性

步骤 2：在 DTU_CONFIG 软件中双击 WIFI（Wi-Fi）设置，按图 8-7 所示内容进行设置。

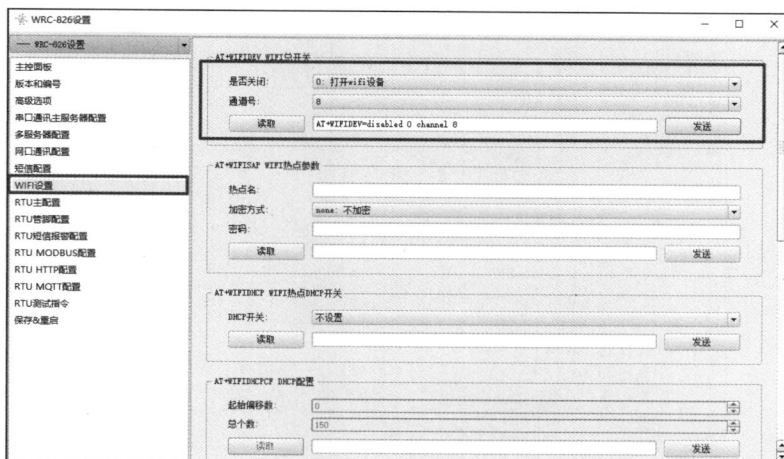

图 8-7　设置 Wi-Fi

步骤 3：单击发送按钮，查看 Wi-Fi 的通道数（Ch）、名称（SSID）、加密模式（Security），如图 8-8 所示。

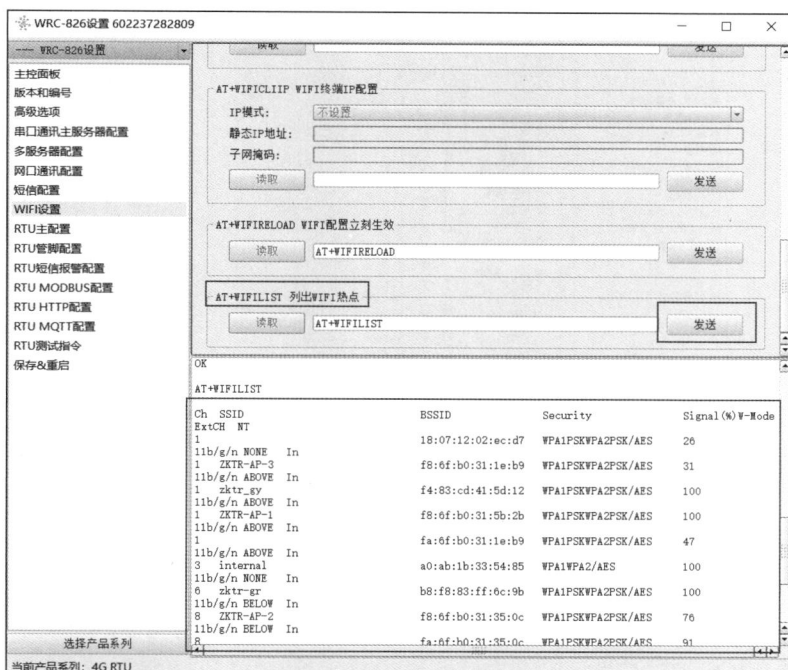

图 8-8　查看 Wi-Fi 信息

步骤 4：按图 8-9 所示内容配置 Wi-Fi 的热点名、认证模式、加密模式、密码，并单击发送按钮，使配置立即生效。

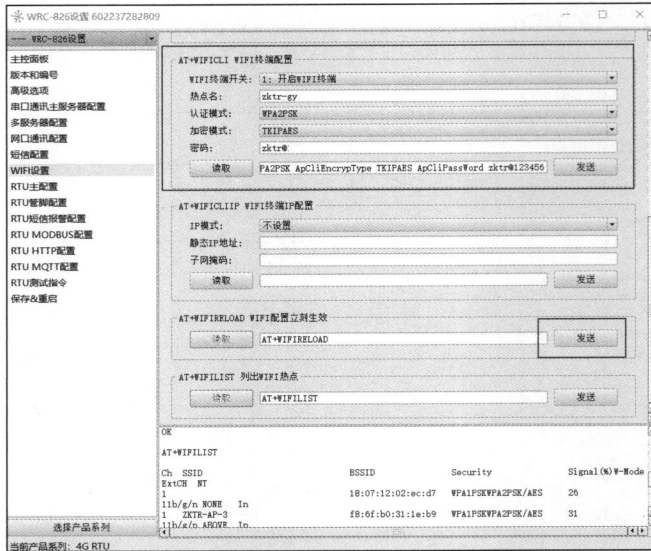

图 8-9　Wi-Fi 终端配置

步骤 5：使用鼠标右键单击空白处，在弹出界面选择保存 RTU 配置选项，如图 8-10 所示。之后，断电重启，设备将自动连接 Wi-Fi。

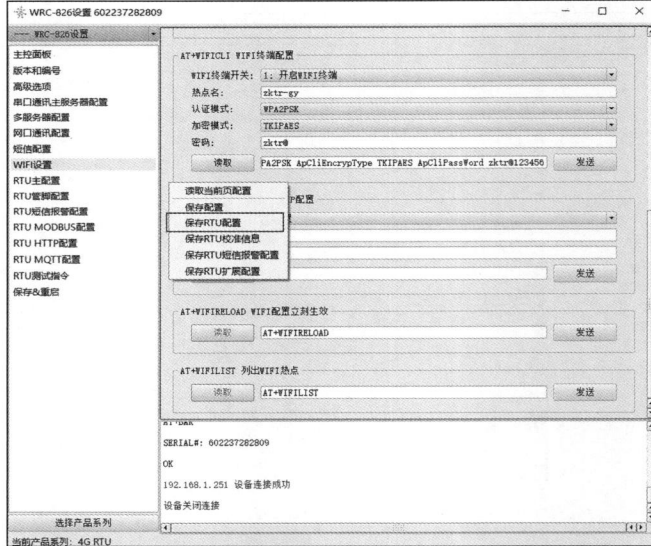

图 8-10　保存配置

8.4.3　配置 MQTT

在 RTU 主配置选项中，将 RTU 报文协议设置为 MQTT CJSON 协议，其他参数按图 8-11 所示内容进行设置。

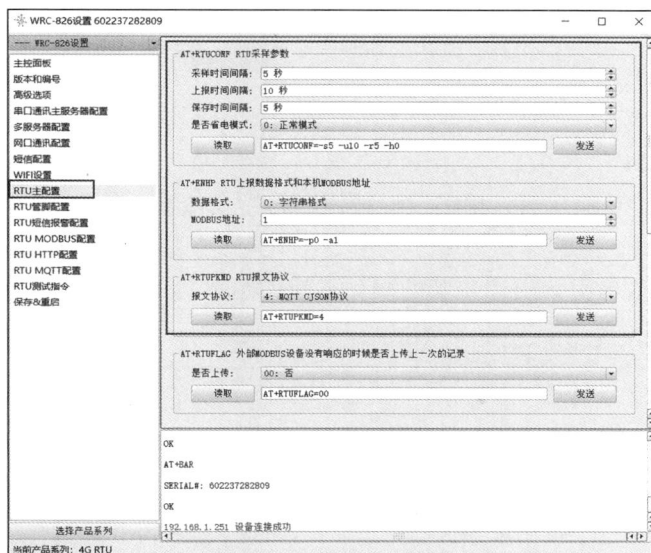

图 8-11 设置 MQTT

按图 8-11 所示内容设置后，单击发送按钮，并用鼠标右键单击空白处，在弹出界面中选择保存配置选项，如图 8-12 所示。图 8-12 展示了设备连接成功的具体信息。

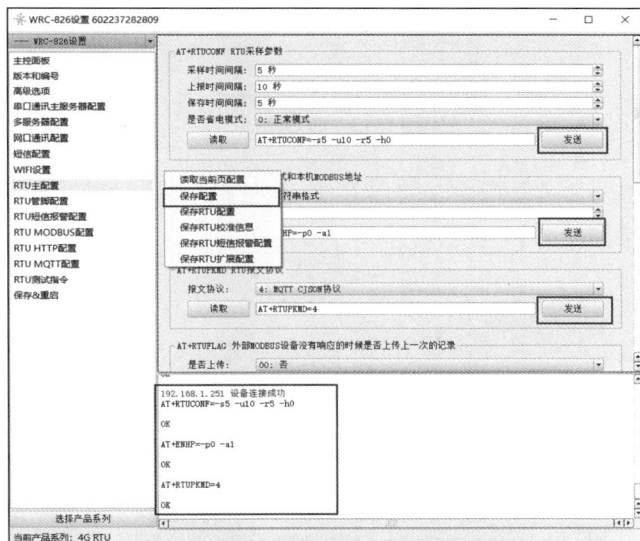

图 8-12 保存配置和连接结果

下面设置自动问询帧。在 RTU 主配置界面中，当选择数据格式为字符串时，必须配置自动问询帧以定期查询从设备。此过程包括 RTU 自动为每条指令附加 CRC 校验码，以确保数据传输的可靠性。自动问询帧的设置按照以下步骤进行。

步骤 1：将以下列出的指令逐一输入到界面中标示的矩形框区域。

0: 020300070002

1: 0303000C0001

2: 040300060001

3: 0503000A0002

4: 060300060001

步骤 2：完成指令输入后，单击发送按钮，将指令传输至外部 MODBUS 设备。该设备配置为读取指令 1，能够存储最多 5 条指令。一旦 5 条指令全部发送完毕，即可单击读取按钮从设备中提取数据。上述步骤的操作界面如图 8-13 所示。

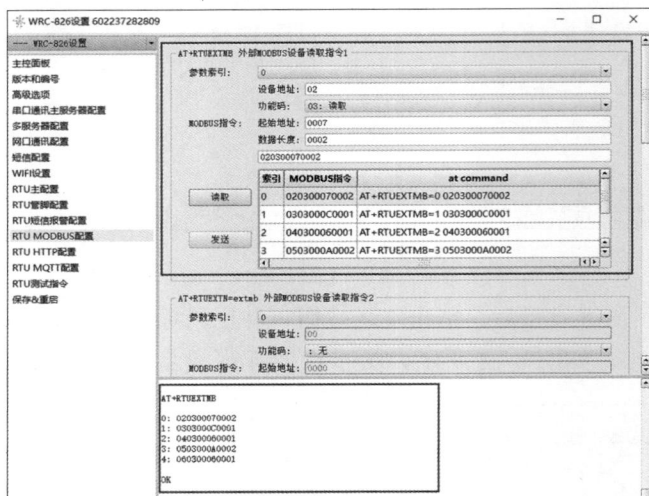

图 8-13　发送指令

外部 MODBUS 设备读取指令 2 可以存储 10 条指令，此处只用到了前 7 条。单击读取按钮，得到的结果如图 8-14 所示。

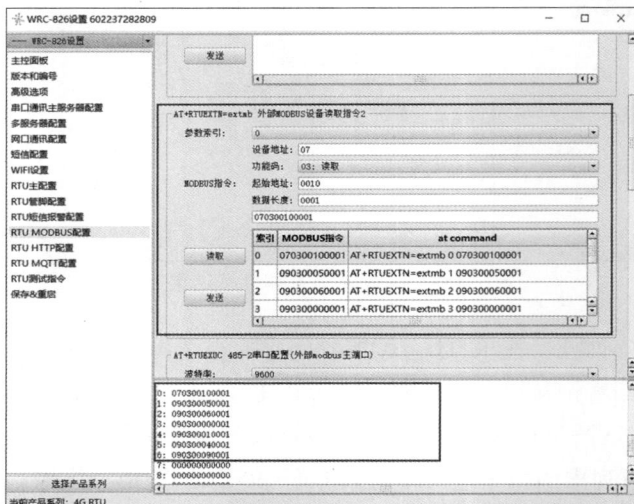

图 8-14　外部 MODBUS 设备读取指令 2 的读取结果

下面设置 MQTT 服务器，按图 8-15 所示内容进行设置。

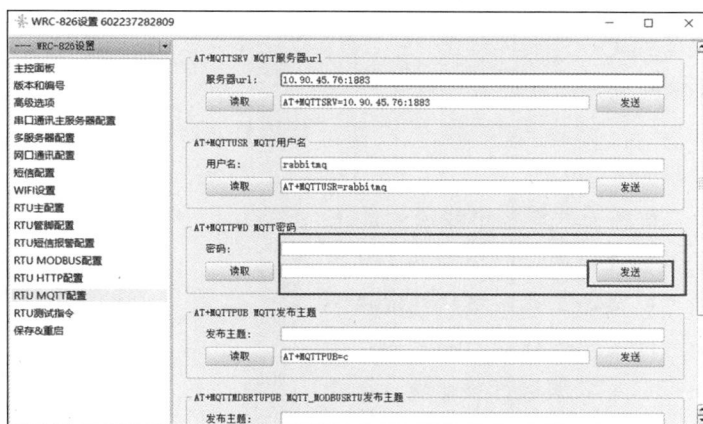

图 8-15　MQTT 设置

在图 8-16 所示界面依次单击发送按钮，软件将自动重启。

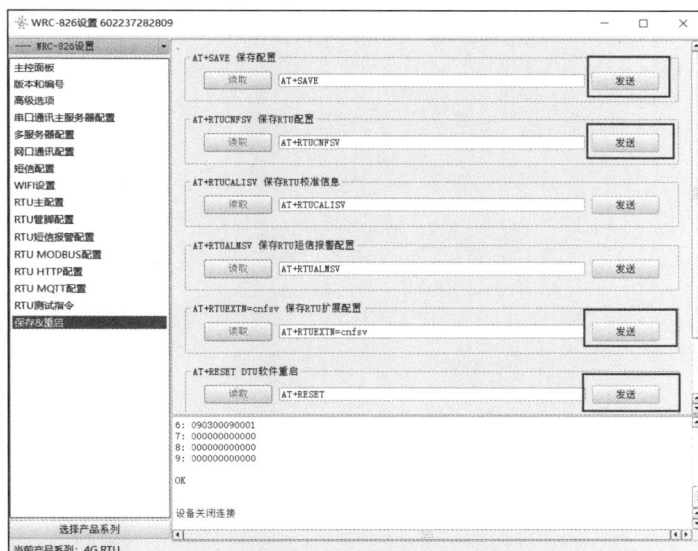

图 8-16　重启操作

8.5　习题

1. 工业网关的主要作用是（　　　）。

A. 连接不同类型的工业设备　　　　B. 实现数据的采集、转换和传输

C. 提供网络安全防护　　　　　　　D. 以上都是

2．如果工业网关无法正常连接到云平台，可能的原因有（　　　）。

A．网关的网络配置错误 　　　　　　B．云平台服务故障

C．网络连接不稳定 　　　　　　　　D．以上都是

3．工业网关中的数据转换通常包括（　　　）。

A．协议转换 　　　　　　　　　　　B．数据格式转换

C．信号类型转换 　　　　　　　　　D．以上都是

4．以下关于工业网关的说法中错误的是（　　　）。

A．工业网关只能连接同一种类型的工业设备

B．工业网关可以提高工业网络的稳定性

C．工业网关可以实现远程监控和管理

D．工业网关可以对数据进行预处理

5．工业网关的安全性可以通过（　　　）方式提高。

A．设置强密码 　　　　　　　　　　B．定期更新软件

C．启用防火墙 　　　　　　　　　　D．以上都是

项目九 工业互联网网络安全

9.1 项目要求

1．了解网络安全的概念。
2．了解工业互联网的安全防护范围、内容和要求。
3．了解工业互联网的安全等级。

9.2 学习目标

1．掌握网络安全管理和配置方法。
2．掌握程序访问网络控制步骤。

9.3 相关知识

9.3.1 网络安全概述

1．网络安全的概念

网络安全是指通过采取必要措施，防范对网络的攻击、侵入、干扰、破坏和非法使用以及意外事故，使网络处于稳定可靠运行的状态，以及保障网络数据的完整性、保密性、可用性的能力。网络安全主要包括两个方面：一是网络的系统安全；二是网络的信息安全。要实现网络安全，就必须保证网络的系统软件、应用软件和数据库系统具有一定的安全功能，并且只能被授权的用户访问。

不同用户对网络安全有不同的诉求，个人或企业用户希望个人隐私或商业机密在网络传输中受到保护，避免泄露。网络管理者希望网络的读、写和访问等操作受到控制，避免出现非法读取和黑客攻击。安全保密部门希望对非法的、有害的或涉及国家机密的信息进行过滤和防堵，避免信息泄露，防止损害国家利益。

根据国家计算机病毒应急处理中心发布的《"2025 年哈尔滨第九届亚冬会"赛事信息系统及黑龙江省内关键信息基础设施遭境外网络攻击情况监测分析报告》，自 2025 年 1 月 26 日至 2 月 14 日，亚冬会赛事信息系统遭到来自境外的网络攻击 270167 次。由此可见，网络安全愈发重要。

2. 网络安全漏洞

在工业互联网环境中，网络安全漏洞是攻击者可能利用的系统、应用程序或内部控制中的弱点。这些漏洞虽然表现形式各异，但其核心问题大多源于输入验证不足、身份验证与授权不足、配置管理不当等共性问题。

常见网络安全漏洞有以下几种。

① 输入验证与过滤不足

SQL 注入：攻击者通过恶意构造的输入，执行未经授权的 SQL 查询，可能导致数据泄露、数据破坏或恶意代码执行。

XSS（跨站脚本攻击）：攻击者向网页中注入恶意脚本代码，窃取用户敏感信息、篡改网页内容或劫持用户会话。

XXE（XML 外部实体攻击）：攻击者利用 XML 解析器的外部实体引用功能，读取本地文件、发起远程请求或导致拒绝服务。

② 身份验证与授权不足

CSRF（跨站请求伪造）：攻击者利用用户的已验证身份执行未经授权的操作，如更改密码、发起资金转移或发布恶意内容。

功能级访问控制不足：攻击者通过篡改请求参数等方式，访问或修改其他用户的数据，执行管理员操作或提交未授权的订单。

③ 配置管理不当

安全配置错误：系统、应用程序或服务器的配置不当，如使用默认凭据、暴露敏感信息或未禁用不必要的服务，可能导致数据泄露、拒绝服务或恶意代码执行。

未验证的重定向和转发：Web 应用程序未对重定向或转发目标进行验证，可能导致用户被诱导访问恶意网站或执行未经授权的操作。

④ 对象引用与数据处理不当

直接引用不安全对象：程序在访问或引用对象时未进行充分验证，可能导致数据泄露、恶意代码执行或系统崩溃。

敏感信息泄露：由于配置错误、社交工程或内部泄露等原因，敏感数据被未经授权的人员接触，造成隐私和安全问题。

这些漏洞导致的后果体现在以下方面。

① 数据泄露：敏感信息如个人身份信息、金融信息、商业机密等被泄露。

② 恶意代码执行：攻击者可在服务器或客户端执行恶意代码，篡改系统或数据。

③ 未经授权的操作：攻击者可访问或修改用户数据、执行管理员操作等。

④ 系统崩溃或拒绝服务：攻击者可耗尽系统资源，导致服务不可用。

⑤ 用户隐私侵犯：用户数据被泄露或篡改，影响用户隐私和信任。

⑥ 财务损失：企业和组织可能面临法律诉讼、监管罚款、客户流失等损失。

为应对上述漏洞，建议采取以下防御措施。

① 输入验证与过滤：

- 对所有用户输入进行严格验证和过滤，确保只包含允许的字符和格式；
- 对于文件上传，验证文件类型和内容，限制可接收的文件类型；
- 对接收的 XML 数据进行严格的输入验证和过滤，只接收必要的数据；
- 转义输出：在将用户输入的数据嵌入到 HTML、JavaScript、CSS 等上下文之前，确保对其进行适当的转义，以防止恶意代码执行。

② 身份验证与授权：

- 实施严格的访问控制策略，确保只有经过身份验证和授权的用户才能访问资源；
- 在每个功能点上对用户进行验证和授权，确保用户有权执行该操作；
- 对于敏感操作，要求用户再次输入密码或进行其他形式的身份验证；
- 使用 CSRF 令牌，确保每个请求都包含有效的令牌，防止伪造请求。

③ 安全配置管理：

- 定期审查和更新系统、应用程序和服务器的配置，禁用不必要的服务和功能；
- 使用复杂、长、不易猜测的密码，并定期更改密码；
- 及时安装操作系统、应用程序和框架的更新和安全补丁；
- 将敏感配置信息存储在安全位置，使用安全存储机制（如密钥管理系统）；
- 仅允许来自信任的域名的跨域请求，并使用适当的 CORS 策略限制访问。

④ 数据保护：

- 使用适当的加密技术保护敏感数据，确保即使数据泄露也难以被恶意使用；
- 实施访问控制措施，确保只有经过授权的人员才能访问敏感信息；
- 对敏感信息进行分类和标记，以便在处理和存储时进行妥善管理。

⑤ 安全编程实践：

- 使用参数化查询或预处理语句，避免直接将用户输入插入 SQL 查询；
- 使用安全的序列化和反序列化库，这些库通常会提供额外的安全特性；
- 遵循安全编程实践，不信任用户输入，避免硬编码敏感凭据；
- 使用安全的 HTTP 头部设置，如内容安全策略（CSP，content security policy）和 SameSite Cookie 属性，限制网页中可以加载和执行的资源和脚本。

⑥ 监控与审计：

- 实施监控机制，检测异常活动，并定期审计代码和系统配置，查找和修复潜在漏洞；
- 实施日志记录和监控机制，以检测未验证的重定向和转发尝试；

- 定期审查应用程序代码以查找和修复潜在的漏洞。

⑦ 安全培训：

- 为员工提供安全培训，教育他们如何处理敏感信息，识别和防止社交工程攻击。

⑧ 合规性管理：

- 遵循适用的法规和合规性要求，确保数据处理和存储的合法性。

9.3.2　工业互联网网络安全

1．工业互联网网络安全防护范围及内容

这里主要讨论工业互联网平台的安全防护范围，不包括接入工业互联网平台的现场设备的安全防护。工业互联网平台是将工业与互联网结合，搭建的能对制造资源进行高效调配、对海量数据进行汇集分析，满足工业企业数字化、智能化和网络化需求的智能平台。

工业互联网平台的安全防护范围包括建设平台的物理或虚拟基础设施、开发套件、数据安全、工业应用等。

工业互联网平台安全防护内容包括在边缘层、平台 IaaS 层、平台 PaaS 层和平台 SaaS 层的防护，涉及身份验证、访问控制、入侵告警、网络分区隔离、数据保密、安全审计等方面。

边缘层包括现场设备连接、协议转换实现海量工业数据的采集和汇聚、边缘计算技术实现数据清洗和预处理。

平台 IaaS 层包括工业互联网平台的物理或虚拟基础设施，比如服务器、网络等。

平台 PaaS 层包括数据分析服务、平台应用开发环境等。指利用云端搭建好操作系统或软件供用户使用，比如数据库、中间件等，用户无须再关注底层的运行环境，直接在这些环境里运行应用或数据。

平台 SaaS 层包括各类应用程序，用户无须安装软件，直接访问客户端。

2．工业互联网安全等级

为提高网络安全防护能力和水平，促进工业互联网高质量发展，国家工业和信息化部依据《工业互联网安全分类分级管理办法》（工信部网安〔2024〕68 号），对工业互联网企业网络安全进行了分类分级管理。该办法于 2024 年 4 月 11 日发布，通过科学合理的分类分级，指导企业提升网络安全防护能力，保障工业互联网的稳定运行。具体的内容如下。

（1）等级划分

工业互联网企业根据行业重要性、企业规模、安全风险程度等因素，将企业网络安全等级由高到低划分为三级、二级、一级。

企业定级采用计分方式进行，满分为 100 分：评分大于或等于 80 分的，为三级企业；评分大于或等于 60 分，且小于 80 分的，为二级企业；评分小于 60 分的，为一级企业。

（2）定级对象

定级对象为工业和信息化部主管行业范围内的工业互联网企业，主要包括应用工业互联网的工业企业（简称联网工业企业）、工业互联网平台企业（简称平台企业）、从事工业互联网标识注册服务、解析服务及其运行维护的机构（简称标识解析企业）。

（3）定级方法

以联网工业企业为例，其网络安全等级的定级评分规则详见表 9-1～表 9-5，这些规则由国家工业和信息化部在《工业互联网企业网络安全分类分级指南（试行）》中给出。

表 9-1　企业所在行业评分

定级要素及分值	要素说明	
评分规则（20 分）	企业属于三类行业	≥15 分
	企业服务二类行业	10～<15 分
	企业服务一类行业	<10 分

表 9-2　三类行业分类

序号	行业名称	行业门类
三类行业		
1	石化化工	石油、煤炭及其他燃料加工业化学原料和化学制品制造业（除日用化学品制造）
2	钢铁	黑色金属冶炼和压延加工业
3	有色	有色金属冶炼和压延加工业
4	轨道交通装备	铁路运输设备制造业 城市轨道交通设备制造业
5	船舶及海洋工程装备	船舶及相关装置制造业
6	航空航天装备	航空、航天器及设备制造业
二类行业		
7	废弃资源回收加工	废弃资源综合利用业
8	建材	非金属矿物制品业（除玻璃制品制造业、陶瓷制品制造业）
9	机械	金属制品业（除金属制日用品制造业）、通用设备制造业、专用设备制造业 电气机械和器材制造业（除电池制造、家用电力器具制造、非电力家用器具制造、照明照具制造）、仪器仪表制造业 金属制品、机械和设备修理业

序号	行业名称	行业门类
10	汽车	汽车制造业
11	其他运输设备	摩托车制造业
		助动车制造业
		非公路休闲车及零配件制造业、潜水救捞及其他未列明运输设备制造业
12	医药	医药制造业
13	电子设备制造	计算机、通信及其他电子设备制造业
一类行业		
14	纺织	纺织业
		纺织服装、服饰业
		化学纤维制造业
15	轻工	烟草制品业
		皮革、毛皮、羽毛及其制品和制鞋业、木材加工和木、竹、藤、棕、草制品业、家具制造业
		造纸和纸制品业
		印刷和记录媒介复制业
		文教、工美、体育和娱乐用品制造业、橡胶和塑料制品业
		日用化学产品制造业
		玻璃制品制造业
		陶瓷制品制造业
		金属制日用品制造业
		自行车和残疾人座车、电池制造业
		家用电力器具制造业
		非电力家用器具制造业
		照明照具制造业
		日用杂品制造业
16	食品	农副食品加工
		食品制造业
		酒、饮料和精制茶制造业
17	轨道交通装备	铁路运输设备制造业
		城市轨道交通设备制造业
18	船舶及海洋工程装备	船舶及相关装置制造业
19	航空航天装备	航空、航天器及设备制造业

表 9-3　企业规模评分规则

定级要素及分值	要素说明	
企业规模（20 分）	大型企业：从业人员≥1000 人；营业收入≥40000 万元	≥18 分
	中型企业：300 人≤从业人员<1000 人；2000 万元≤营业收入<40000 万元	15～<18 分
	小微企业：从业人员<300 人；营业收入<2000 万元	<15 分

表 9-4　企业应用工业互联网程度评分

定级要素及分值	要素说明	
企业应用工业互联网的程度（30 分）	根据企业工业化和信息化融合程度、互联互通程度、综合集成程度、数据分析利用程度等，判定企业应用工业互联网的程度为高、较高、较低 参考《工业企业信息化和工业化融合评估规范》（GB/T 23020—2013）和《工业互联网成熟度评估》（已在中国通信标准化协会立项）	
评分规则	程度高	≥25 分
	程度较高	15～<25 分
	程度较低	<15 分

表 9-5　企业网络安全事件的影响程度评分

定级要素及分值	要素说明	
企业一旦发生工业互联网网络安全事件的影响程度（30 分）	一旦发生重大工业互联网网络安全事件后，对国家安全、社会秩序、经济运行、公众利益、人身安全及企业自身运行的影响程度，分为重大影响、较大影响、一般影响。	
评分规则	重大影响：严重影响企业自身运行、造成特别重大人员伤亡，会对社会秩序、经济运行和公众利益造成严重损害，或对国家安全造成严重损害	≥25 分
	较大影响：影响企业自身运行、造成重大人员伤亡，或对社会秩序、经济运行和公众利益造成较大损害，或对国家安全造成轻微损害	20～<25 分
	一般影响：影响企业自身运行，造成轻微人员伤害，或对社会秩序、经济运行和公众利益造成轻微损害，不损害国家安全	<20 分

3．工业互联网安全防护要求

根据国家工业信息安全发展研究中心牵头制定的《工业互联网企业网络安全　第 1 部分：应用工业互联网的工业企业防护要求》国家标准，工业互联网企业应遵循以下安全防护要求。

（1）网络安全设置

① 应分配已划分的网络地址。

② 划分网络区域进行隔离。隔离工厂内外的网络，根据平台服务的类型、功能及租户的不同划分不同的子网、网段或安全组，并在各子网、网段或安全组之间采取必要的技

术手段进行隔离。

③ 网络安全监测。应对网络系统中的网络设备运行状况、网络流量、管理员和运维人员行为等进行监测，识别和记录异常状态。应根据用户需求，支持对持续大流量攻击进行识别、报警和阻断的能力。

（2）身份认证

对登录用户进行身份鉴别，用户身份标识应具有不易被冒用的特点，口令应有复杂度要求并定期更换。应启用登录失败处理功能，可采取结束会话、限制登录次数和自动退出等措施。

（3）访问控制

接入网络边界网关只开放接入服务相关的端口；限制允许访问服务器的终端地址范围；严格限制用户的访问权限。

（4）入侵检测

能够检测接入设备发起的网络攻击，记录入侵的源 IP 地址、攻击的类型、攻击的目的、攻击的时间，并在发生严重入侵事件时提供报警功能。

（5）恶意代码防范

应安装防恶意代码软件，并及时更新防恶意代码软件版本和恶意代码库。

（6）上线前检测

在业务应用和工业应用程序发布之前，开发环境应进行安全审核，以确保其不含有恶意代码或行为。只有通过此审核的应用程序才能被正式发布。此外，尽管开发环境支持用户数据同步功能，但这些数据不应存储在境外服务器上。

开发环境应支持对工业应用程序的移动代码签名机制，对应用程序检测审核后，对其进行数字签名。移动终端在下载安装工业应用程序之前，对经过签名的应用程序进行签名验证，只有通过签名验证的应用程序才能被认为是可信的，继而被安装到终端上。

开发环境应对已经上线的业务应用与工业应用程序进行拨测抽查，并记录拨测过程及结果，针对违规行为、可疑行为等进行相应的处理。业务应用与工业应用程序拨测应采用自动拨测与人工拨测相结合的方式进行。

开发环境应要求开发者在提交业务应用与工业应用程序时声明其调用的 API，并对业务应用与工业应用程序调用终端 API 的行为进行检测。业务应用与工业应用程序不应调用与其业务功能无关的 API 以及在其声明范围之外的 API。

（7）信息保护

开发环境中各功能的提供、控制与管理过程应保护用户隐私，未经用户同意，不能擅自收集、修改、泄露用户相关敏感信息。应保护相关信息的安全，避免相关数据和界面被篡改和破坏。

应禁止不必要的内嵌网络服务，应禁止在用户端自动安装恶意软件和插件。

应对通信过程中的敏感信息字段进行加密。应对敏感信息（如用户信息、订单信息、应用软件下载路径等）进行加密存储。

应对开发环境相关功能的关键数据（如业务数据、系统配置数据、管理员操作维护记录、用户信息、业务应用与应用程序购买、下载信息等）应有必要的容灾备份。

应能对诈骗、虚假广告等信息建立处理机制，防止类似信息的扩散。

（8）虚拟机安全

应支持虚拟机之间、虚拟机与宿主机之间的隔离。应支持虚拟机部署防病毒软件。应具有对虚拟机恶意攻击等行为的识别并处置的能力。应支持对虚拟机脆弱性进行检测的能力。

（9）数据安全

数据传输。应采用技术措施保证鉴别信息（指用于鉴定用户身份是否合法的信息，如用户登录各种业务系统的账号和密码、服务密码等）传输的保密性。应支持用户实现对关键业务数据和管理数据传输的保密性。应能够检测到数据在传输过程中完整性受到破坏。

数据存储。应采用加密技术或其他保护措施实现鉴别信息的存储保密性。应支持用户实现对关键业务数据和管理数据的存储保密性。应支持用户对密码算法、强度和方式等参数的可选配置。应提供有效的磁盘保护方法或数据碎片化存储等措施，保证即使磁盘被窃取，非法用户也无法从磁盘中获取有效的用户数据。应能够检测到数据在存储过程中完整性受到破坏。

数据使用。针对不同接入方式的数据挖掘用户，应采用不同的认证方式。需要检查使用数据的合法性和有效性。

挖掘算法在使用前，必须申报算法使用的数据范围、挖掘周期、挖掘目的，以及挖掘结果的应用范围等内容。算法提供者必须对算法的安全性和可靠性提供必要的验证与测试方案。

在数据挖掘过程中，应对挖掘算法使用的数据范围、数据状态、数据格式、数据内容等进行监控。禁止挖掘算法对数据存储区域内的原始数据进行增加、修改、删除等操作，以保证原始数据的可用性和完整性。

禁止将挖掘算法产生的中间过程数据与原始数据存储于同一空间，以防数据使用的混乱、加大数据存储的管理难度。同时，应周期性的检查用户操作数据的情况，统一管理数据使用权限。

不同应用之间应进行数据关联性隔离，防止不同应用之间的加密通信分析，产生数据泄露。

数据迁移。应进行数据迁移前的网络安全能力评估，保证数据迁移的安全实施。应保证数据在不同虚拟机之间迁移不影响业务应用的连续性。数据迁移中应做好数据备份以及恢复的相关工作。

数据销毁。应能够提供手段协助清除因数据在不同存储设备间迁移、业务终止、自然灾害、合同终止等遗留的数据，对日志的留存期限应符合国家有关规定。应提供手段清除数据的所有副本。

备份和恢复。应提供数据本地备份与恢复功能，全量数据备份至少每周一次，增量备份至少每天一次，或提供多副本备份机制。

（10）安全审计

应对重要的接入设备和事件进行审计，包括接入时间、用户、行为等。并定期备份审计记录。

（11）高级主动防护

相比于以上入侵检测等被动防护措施，边缘层应探索更多的主动防护措施，发现入侵后通过自身防护功能，阻止恶意攻击的扩散。比如基于可信计算的主动免疫、面向 Linux 的主动式自主防护、面向 Windows 的白名单保护等。

9.4 实验过程

9.4.1 实验 1：端口访问控制

Windows 提供的防火墙属于基于主机的防火墙，可以拦截对主机的非法入侵。例如，防止非法远程主机对主机的扫描等，从而提高主机的安全性。Windows 防火墙的设置分为入站规则和出站规则。总体来说，如果想阻止外部主机主动连接本机的某些网络请求，应该在"入站规则"中进行设置。如果想阻止本机对外的主动连接，应该在"出站规则"中进行设置。

本实验我们设置防火墙入站规则开放端口（例如端口 445），允许远程计算机在指定的端口（445）访问本计算机，具体步骤如下。

步骤 1：依次单击控制面板→系统和安全→Windows Defender 防火墙→高级设置，如图 9-1 和图 9-2 所示。

图 9-1 进入防火墙设置

图 9-2　进入防火墙高级设置

步骤 2：依次单击入站规则→新建规则→端口→特定本地端口，输入 445→允许连接。如图 9-3～图 9-5 所示。

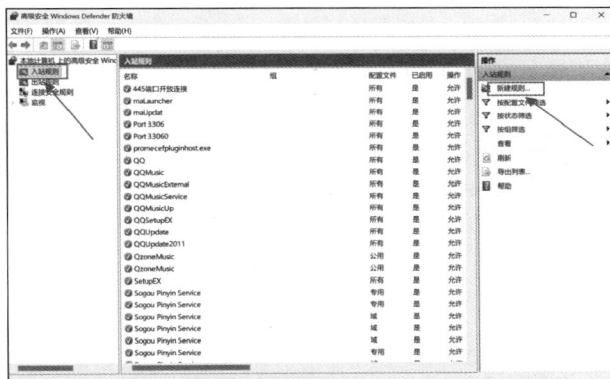

图 9-3　防火墙新建入站规则

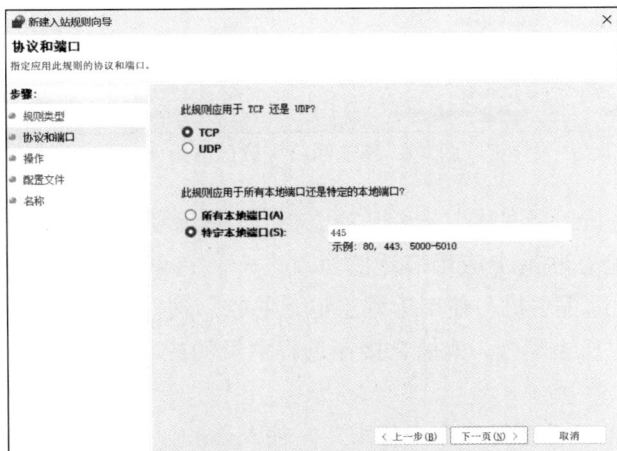

图 9-4　防火墙选择特定本地端口

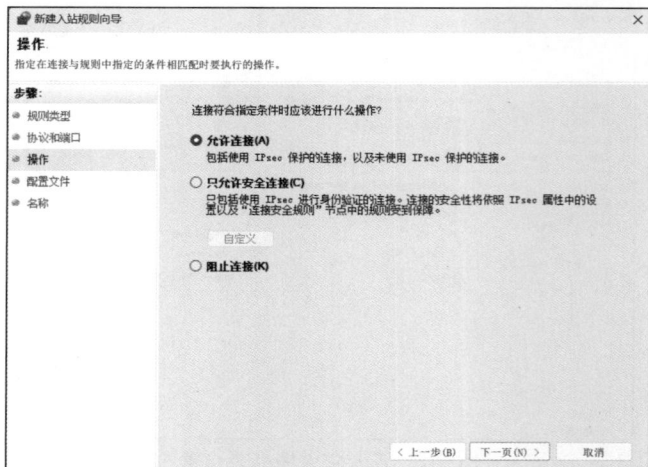

图 9-5　防火墙允许连接设置

步骤 3：在"新建入站规则向导"的最后一步操作时，需要在"名称"字段中为该规则指定一个名称，例如将规则命名为"445 端口开放"。命名完成后，单击完成按钮。此时，系统将自动返回到防火墙的入站规则列表界面，在此界面会看到新创建"445 端口开放"规则已经被启用并显示在列表中，如图 9-6 所示。

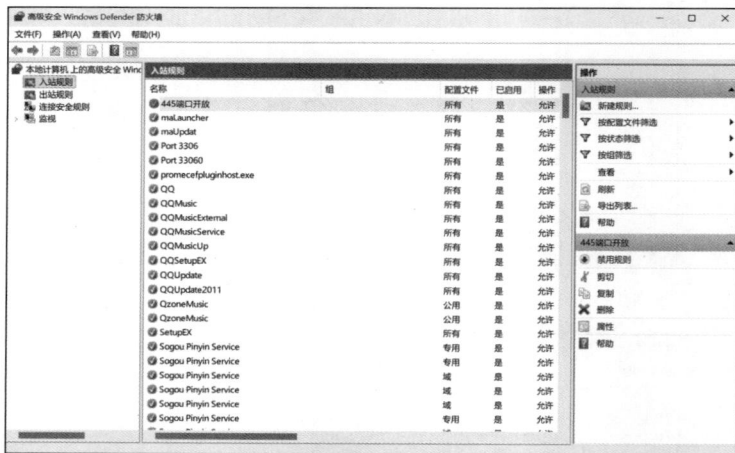

图 9-6　445 端口开放已启用

步骤 4：使用 Telnet 测试端口是否开放。Telnet 是远程登录协议和方式，它是 TCP/IP 协议族中的一种，是互联网上应用广泛的协议之一。它可以让用户在本地计算机上使用 Telnet 程序，连接到远程主机，使用远程主机上的软、硬件资源。用户在 Telnet 程序中输入的命令会在远程主机上运行，就像直接在远程主机的控制台上输入一样。测试的具体过程如下。

① 使用 win + R 组合键打开命令行窗口，输入:cmd，并在命令行输入 telnet 127.0.0.1 445，如图 9-7 所示。

图 9-7 命令行输入内容

② 按回车键后如果出现图 9-8 所示界面，则说明该端口已经开放，表示其他计算机可以通过端口 445 连接本计算机了。

图 9-8 Telnet 端口开放界面

③ 如果出现图 9-9 所示报错信息，则表示 Telnet 功能还处于关闭状态，需要先启用 Telnet。

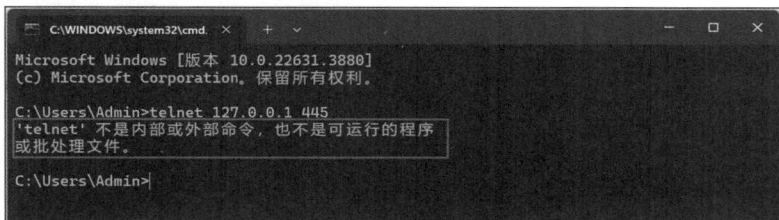

图 9-9 Telnet 报错信息

④ 进入控制面板→程序→启用或关闭 Windows 功能→勾选 Telnet 功能，启用 Telenet 功能，如图 9-10 和图 9-11 所示。

图 9-10 进入控制面板

图 9-11　启用 Telnet 客户端

⑤ 在开始栏搜索 Telnet 并单击进入，如图 9-12 所示。若出现图 9-13 所示界面，则表示 Telnet 已经启用，可以通过 Telnet 测试端口开放了。

图 9-12　开始栏搜索 Telnet

图 9-13　端口开放 Telnet 界面

9.4.2　实验 2：IP 地址访问控制

本实验我们配置允许 IP 地址为 10.242.62.239 的计算机访问"我的计算机"（本地计算机），具体步骤如下。

步骤 1：依次单击防火墙→入站规则→新建规则→自定义→选择所有程序→选择所有端口。本地 IP 地址选择任何 IP 地址，远程 IP 地址单击添加按钮，如图 9-14 和图 9-15 所示。

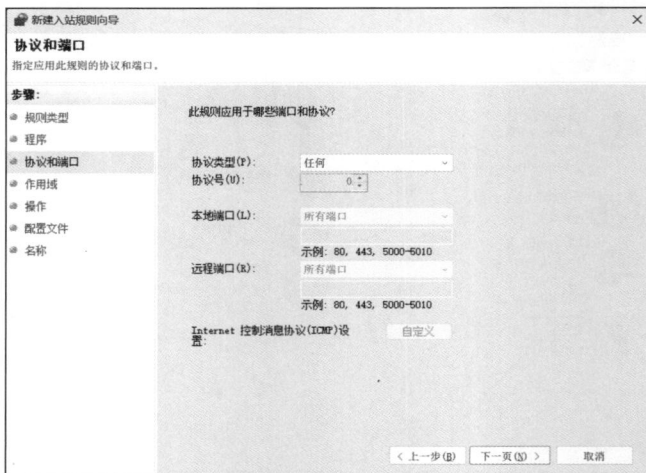

图 9-14　端口设置

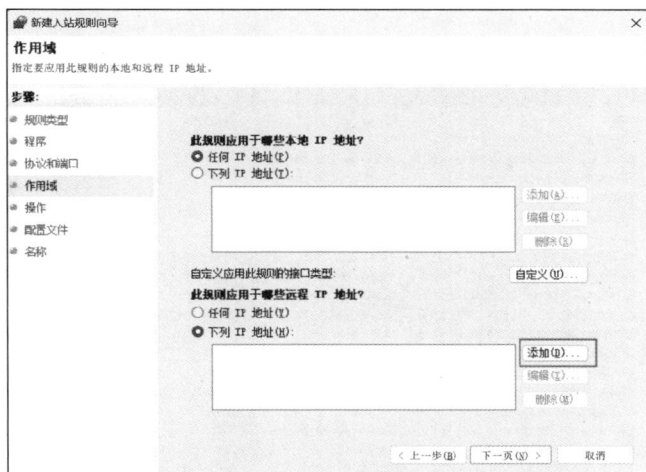

图 9-15　防火墙 IP 地址设置

步骤 2：填入允许访问的 IP 地址 10.242.62.239，如图 9-16 所示。之后允许连接→命名此规则，配置完成，在 IP 地址为 10.242.69.239 的计算机上可以远程访问本计算机了。

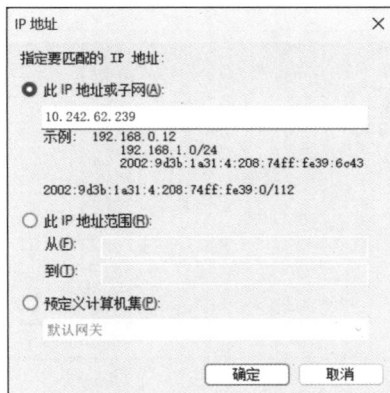

图 9-16　填入允许访问的 IP 地址界面

9.4.3　实验 3：阻止特定应用程序访问网络

如果希望某些应用程序（如 QQ、微信、浏览器等）不能主动访问网络，那么可以通过在防火墙的出站规则中对该程序设置访问策略进行限制。本实验我们以阻止 QQ 访问网络为例，介绍阻止特定应用程序访问网络的步骤。

步骤 1：进入防火墙高级设置，单击出站规则→新建规则→选择程序，如图 9-17 所示。

步骤 2：在我的计算机找到 QQ 应用程序的访问路径，如图 9-18 所示。将访问路径复制并粘贴到图 9-19 所示界面。

图 9-17　防火墙出站规则设置

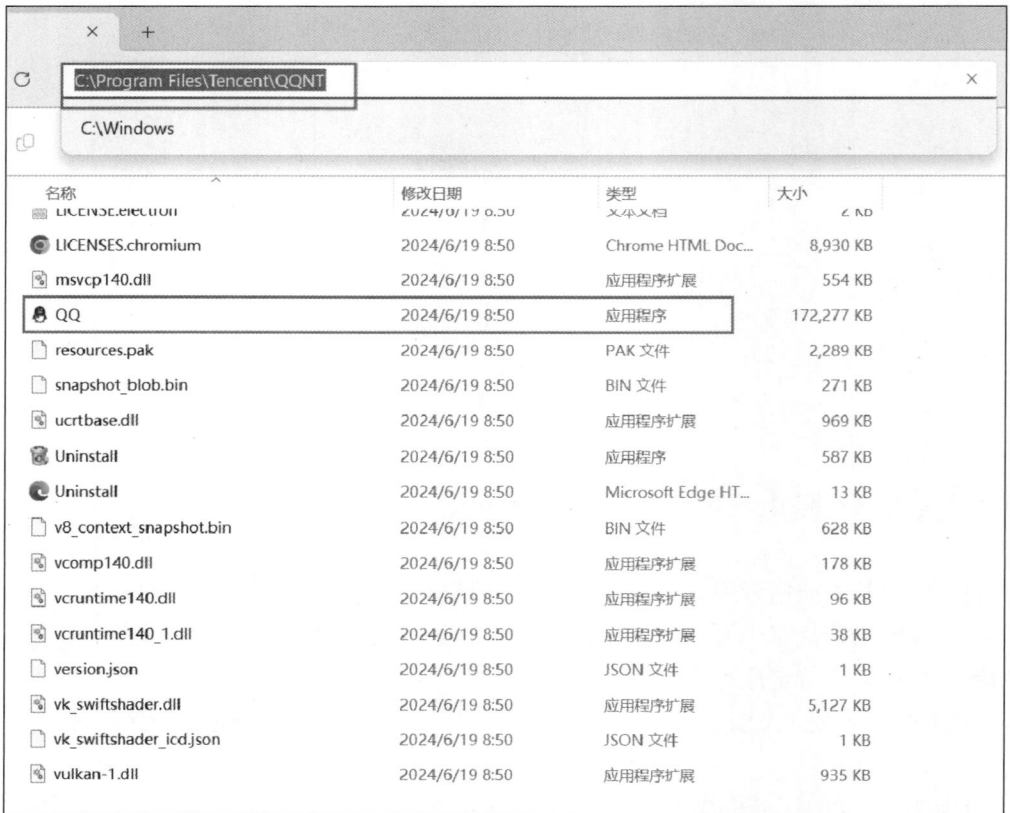

图 9-18　QQ 应用程序访问路径

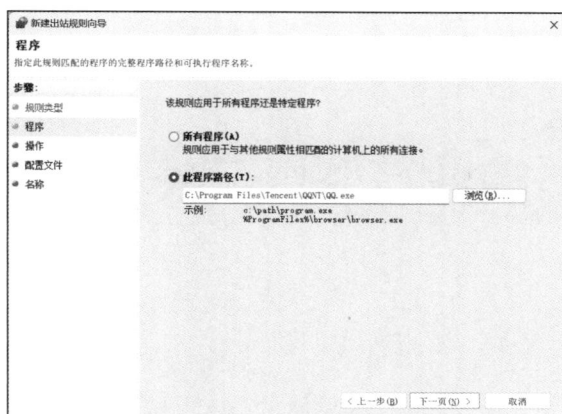

图 9-19 　填写程序路径界面

步骤 3：在图 9-20 所示界面选择"阻止连接"选项，即阻止 QQ 访问网络，并单击下一页按钮。之后打开 QQ 进行测试，此时显示无法连接网络，如图 9-21 所示。

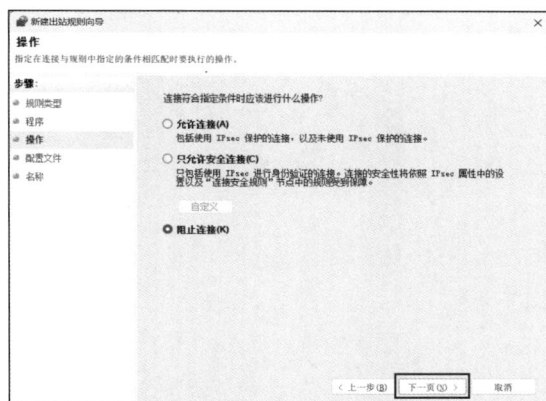

图 9-20 　阻止连接界面

图 9-21 　阻止 QQ 访问网络界面

9.5 习题

1. 给出 3 个网络安全漏洞并简要解释它们的危害。

2. 工业互联网平台安全防护内容包括在边缘层、＿＿＿＿＿＿＿、＿＿＿＿＿＿＿和＿＿＿＿＿＿＿的防护。

3. 简述工业互联网安全防护要求中数据安全的防护要求。

4. 如果想阻止外部主机主动连接本机的某些网络请求，应该在＿＿＿＿＿＿＿中进行设置。如果想阻止本机对外的主动连接，应该在＿＿＿＿＿＿＿中进行设置。

项目十 工业互联网网络运维与故障分析

10.1 项目要求

1. 掌握工业互联网网络运维方法。
2. 掌握工业互联网网络故障的分析思路。

10.2 学习目标

1. 了解工业互联网网络故障分析方法。
2. 熟悉工业互联网常见网络故障原因。
3. 理解 RS-485 上位机参数及其含义。
4. 能够根据现象快速定位错误参数并设置。
5. 熟悉 iptables 的设置方法。

10.3 相关知识

10.3.1 网络故障分析方法

网络故障分析方法是一套具有系统性和逻辑性的流程和策略，旨在准确识别、定位和理解网络中出现的各种不正常运行状况及其原因。它综合运用多种技术手段和分析思路，通过对故障现象的细致观察与收集，以及用户反馈、设备状态显示及网络性能数据等来界定故障影响的范围是局部区域还是整体网络，是特定设备还是网络链路等。进而让管理员深入分析可能导致故障的各种因素，涵盖硬件方面的设备损坏、链路故障，软件方面的配置错误、系统漏洞，以及网络拓扑结构的合理性、外部环境因素的影响等。在此基础上，管理员可以制定并实施有针对性的解决方案，以恢复网络的正常运行，并通过严格的验证过程确保故障已被彻底解决。同时，管理员还可以将整个分析和解决过程进行详细记录，为后续的网络维护工作提供参考和借鉴，不断提升网络故障处理的效率和准确性，保障网络的稳定、可靠运行。以下是一些常见的网络故障分析方法。

分段排查法：将网络分成不同的段，逐段进行测试和检查，例如按照不同的区域、生产线等划分段落。通过这种方法，管理员可以缩小故障范围，更快地定位问题所在地。例如，如果某一区域的设备出现网络故障，先检查该区域接入层的交换机是否正常工作，再依次排查汇聚层和核心层的设备。

设备替换法：当怀疑某个网络设备出现故障时，可以用正常的设备替换它，观察网络是否恢复正常。这种方法能够快速确定设备是否存在问题，但需要有备用的设备可供替换。比如，管理员怀疑某台交换机故障，便用一台已知正常运行的交换机替换它。如果网络恢复，就可以确定原交换机有故障。

协议分析法：使用网络协议分析工具，抓取网络数据包，分析协议的交互过程，查看是否存在异常的数据包、错误的协议字段等。例如，通过分析 TCP/IP 的数据包，可以发现是否有丢包、重传、时延等问题。

性能监测法：持续监测网络的性能指标，如带宽利用率、时延、丢包率等。这些指标出现异常，预示网络可能存在故障。比如，网络管理软件监测到某段链路的带宽利用率突然升高到接近饱和，这可能是该链路存在拥塞或有大量异常流量导致的。

日志分析法：查看网络设备、服务器和应用程序的日志，寻找与网络故障相关的信息。日志通常会记录设备的运行状态、错误信息和事件等。比如，路由器的日志可能会显示接口状态的变化、路由协议的错误等。

拓扑分析法：即根据网络拓扑来分析可能存在的单点故障、链路冗余情况等。检查网络拓扑中是否存在不合理的连接或潜在的风险点。例如，如果网络拓扑中存在单点链路，一旦该链路出现故障，可能会导致部分区域网络中断。

对比分析法：将出现故障的网络配置、参数等与正常运行时的情况进行对比，找出差异，从而确定故障原因。比如，对比故障前后交换机的配置文件，查看是否有被误修改的参数。

专家系统和知识库法：利用已有的专家系统和知识库，输入网络故障的症状和相关信息，获取可能的故障原因和解决方案。例如，一些网络管理平台会内置专家知识库，根据输入的故障描述提供常见的解决建议。

10.3.2　常见的网络故障

常见的网络故障有以下几种。

（1）硬件故障

硬件故障可包括以下几种。

- 设备老化或损坏。如交换机、路由器、防火墙等硬件出现故障，可导致网络连接中断或性能下降。例如，交换机的端口损坏会使连接到该端口的设备无法正常通信。
- 网线、光纤等物理连接介质受损。例如，网线被老鼠咬断、光纤弯曲度过大会导致光信号传输中断、衰减变大。
- 服务器硬件故障，如硬盘故障、内存故障等，会影响服务器的正常运行，从而影响网络服务。

（2）软件故障

软件故障包括以下几种。

- 网络设备的操作系统或固件版本过低或存在漏洞，可能导致设备运行不稳定或容易受到攻击。例如，路由器的固件未及时更新，可能会被黑客利用漏洞进行攻击，导致网络瘫痪。
- 网络协议配置错误，如 IP 地址冲突、子网掩码设置错误、路由表配置不当等。比如，两个设备被配置了相同的 IP 地址，会导致网络通信混乱。
- 防火墙或安全软件的策略设置过于严格，阻止了正常的网络流量。

（3）网络拥塞

网络拥塞体现在以下方面。

- 大量的数据流量同时传输，超过了网络带宽的承载能力，导致出现网络拥塞和传输时延增加。例如进行大规模数据备份会占用大量带宽，这会影响其他关键业务所需的网络性能。
- 突发的网络流量高峰，如多个设备同时进行高清视频传输。

（4）电磁干扰

电磁干扰也会对网络性能产生影响，体现在以下方面。

- 工业环境中的强电磁干扰，如大型电机、电焊机等设备产生的电磁辐射，可能会干扰网络信号的正常传输。例如，布设在大型电机附近的网线可能会受到电磁干扰，从而导致数据在传输中出现错误。

（5）病毒和恶意软件

病毒和恶意软件会占用网络资源，降低网络性能，体现在以下方面。

- 计算机感染病毒或安装恶意软件后，可能会大量发送数据包，占用网络资源，甚至破坏网络系统。

（6）人为错误

相关人员在配置网络时会出现失误，这也会导致网络故障。人为错误体现在以下方面。

- 误删了重要的路由条目或更改了关键设备的参数。
- 执行未经授权的接入和操作，如非法接入网络、误操作设备等。

（7）供电系统故障

供电系统故障主要体现在以下方面。

- 停电或供电系统故障将导致网络设备无法正常工作。

- 电压不稳定也可能会损坏网络设备。

（8）环境因素

环境因素主要体现在以下方面。

- 高温、潮湿、灰尘等恶劣的环境条件会影响网络设备的正常运行，例如，高温会导致设备过热而死机。

（9）供应商问题

供应商问题主要体现在以下方面。

- 网络服务提供商的线路故障、服务中断或服务质量下降。
- 云服务提供商的故障，影响基于云的网络服务。

10.3.3　故障检测方法

故障检测方法是用于识别、发现和确定系统或设备中故障存在与否，以及故障类型、位置和严重程度的一系列技术、策略和流程的统称。它是保障系统正常运行、提高可靠性和可用性的关键环节。常见的故障检测手段如下。

基于监控工具的检测：利用网络监控软件实时监测网络流量、带宽使用情况、传输时延、丢包率等关键指标。例如，使用 Zabbix 或 Nagios 等工具，并设置阈值，当指标超过阈值时发出警报。

部署服务器性能监控工具：监测服务器的 CPU 使用率、内存使用率、硬盘读写速度等参数，以发现可能由服务器引起的故障。如通过 Prometheus 对服务器进行监控。

数据包分析：使用 Wireshark 等数据包捕获和分析工具，抓取网络中的数据包或通信模式。比如，发现大量来自未知源的异常数据包，可能是网络受到攻击。

设备日志审查：定期查看网络设备（如路由器、交换机）、服务器和应用程序的日志，查找错误信息、警告和异常事件。例如，路由器日志中显示端口频繁掉线，可能是端口硬件故障或连接问题。

端口测试和链路检测：使用专业的网络测试仪对网络端口进行测试，检查端口的连通性、信号强度和质量。比如，通过福禄克测试仪检测网线端口是否符合标准。利用 ping 命令和 traceroute 命令检测网络链路的连通性和路径，确定是否存在中断或时延过高的节点。

模拟用户行为测试：模拟工业互联网中的典型用户操作和数据传输，观察系统的响应和性能，以发现潜在的故障。例如，向模拟设备上传大量数据，检测数据处理和存储环节是否正常。

硬件设备巡检：定期对网络设备、服务器等硬件进行物理检查，查看设备的指示灯状态、散热情况、接口是否松动等。比如，发现交换机的某个指示灯显示异常，可能提示该端口或模块存在问题。

智能诊断系统：采用基于人工智能和机器学习的故障诊断系统，通过对历史数据的学习和分析，自动识别和预测可能的故障模式。例如，利用深度学习算法分析网络流量模式，提前发现潜在的故障趋势。

对比基准测试：建立正常运行状态下的性能基准，定期进行对比测试，当性能偏离基准较大时进行深入排查。比如，将当前网络带宽使用率与基准值进行对比，判断是否存在异常。

跨部门协作排查：组织网络技术人员、设备维护人员、应用开发人员等相关部门共同协作，从不同角度分析和排查故障。例如，当网络出现故障时，网络技术人员检查网络配置，设备维护人员检查硬件设备，应用开发人员检查应用程序的运行情况。

10.4 实验过程

10.4.1 实验 1：串口故障检测

本实验采用照度传感器和计算机作为实验设备。照度传感器的型号为 JXBS-3001-GZ，其参数见表 10-1。

表 10-1　照度传感器参数

参数名称	参数内容
直流供电（默认）	12～24 V DC
耗电	≤0.15 W（@12 V DC，25 ℃）
光照强度精度	±5%（25 ℃）
光照强度	0～65535 Lux
长期稳定性（光照强度）	≤5%/y
输出信号	RS-485 输出（Modbus 协议）
工作压力范围	0.9～1.1 atm

为了将照度传感器和计算机连接起来，本实验还采用了 RS-485 转 USB 模块，具体连接示意如图 10-1 所示。

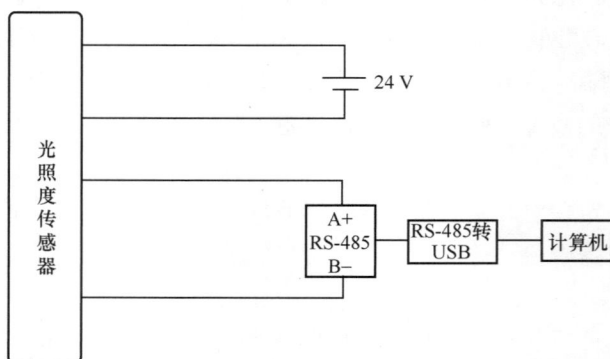

图 10-1　实验连接示意

下面在计算机上打开设备管理器，如图 10-2 所示。

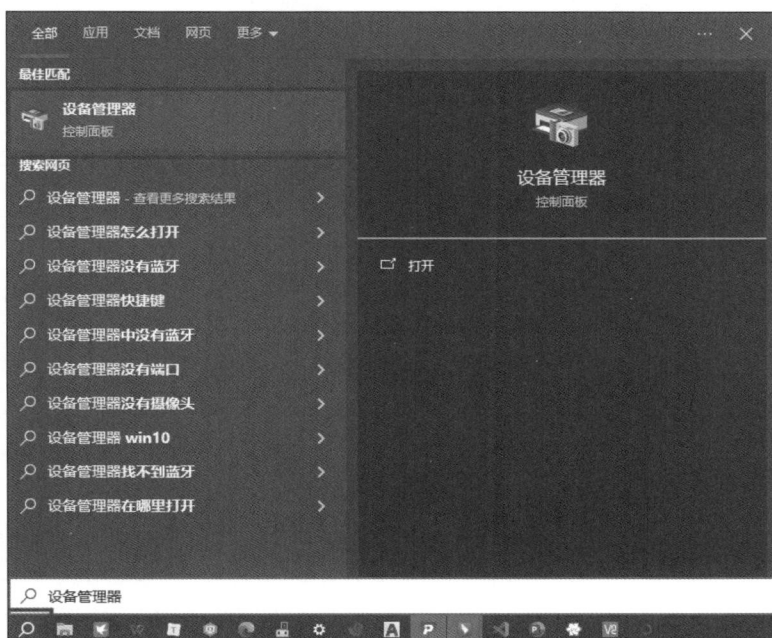

图 10-2 打开设备管理器

在设备管理器的端口下可看到端口号为 COM8 的端口，如图 10-3 所示。读者不确定是哪个端口号时，可以插拔 USB，有变化的端口号即为对应端口号。

图 10-3 查看端口号

打开 485 传感器配置工具配置参数，并采集数据，如图 10-4 所示。

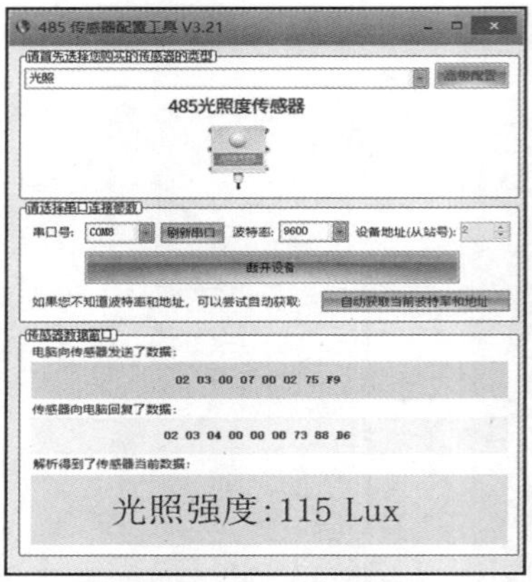

图 10-4　感应器参数设置

从图 10-4 中可以看到，电脑（计算机）给（照度）传感器发送的数据（问询帧）为：02 03 00 07 00 02 75 F9，其中每（两）个字节数据代表的含义见表 10-2。

表 10-2　问询帧字节数据含义

从站号	功能码	起始地址	数据长度	校验码低	校验码高
02	03	0007	0002	75	F9

（照度）传感器向电脑（计算机）回复的数据（答复帧）为：02 03 04 00 00 00 73 88 D6。答复帧数据含义见表 10-3。

表 10-3　答复帧参数说明

地址码	功能码	有效字节数据	实际数据
02	03	04	00000073

答复帧中有效字节数据为 04，故实际数据是紧接的 4 个字节数据，即 00000073（十六进制），转换成十进制数后为 115。这和软件显示光强 115 Lux 相符合。

如果串口号配置错误，则系统会报错，如图 10-5 所示。此时设备连接失败。

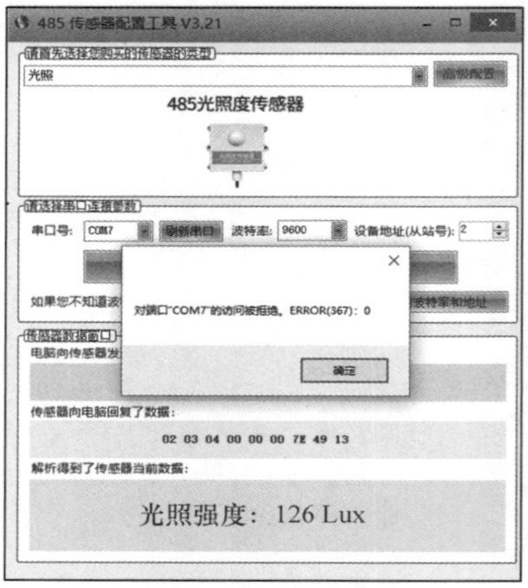

图 10-5　串口号配置错误示意

如果波特率配置错误，如图 10-6 所示，则此时无应答帧。

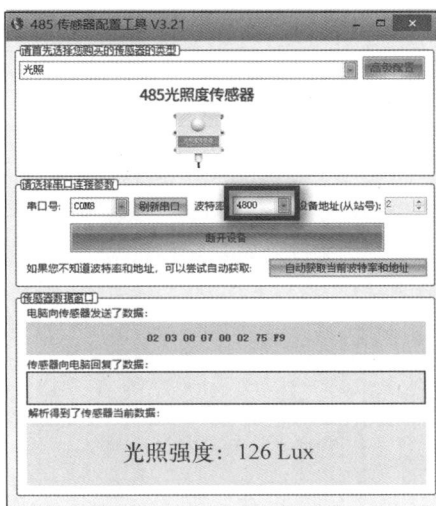

图 10-6　波特率错误示意

如果设备地址配置错误，如图 10-7 所示，则此时无应答帧。

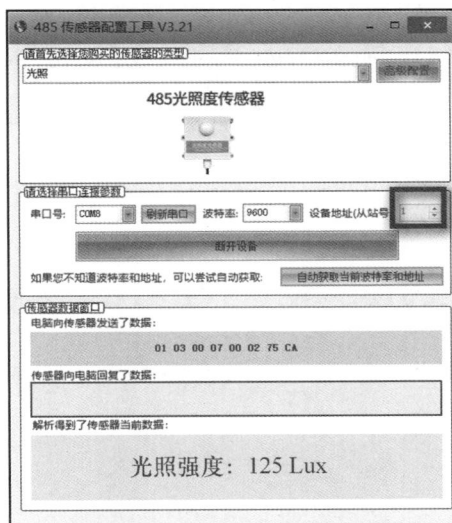

图 10-7　设备地址错误示意

10.4.2　实验 2：工业网关 IP 地址设置错误

本实验通过模拟工业网关的相关设置，通过设置错误的网关来观察并分析网络故障现象，帮助读者加深对网关、iptables 和防火墙策略作用的理解，并掌握排查和解决此类问题的方法。本实验所用设备见表 10-4。

表 10-4　实验所用设备

设备名称	版本
Windows	Windows 10
VMware Workstation 16 Pro	16.2.1 build-18811642
CentOS	7 x86_64

打开 VMware Workstation 软件，单击工具栏中的编辑选项，如图 10-8 所示。

图 10-8　单击编辑选项

在弹出的界面上选择"虚拟网络编辑器"选项，如图 10-9 所示，进入虚拟网络设置。

图 10-9　选择"虚拟网络编辑器"选项

在图 10-10 所示界面选择 NAT 模式，并单击 NAT 设置按钮。按图 10-11 所示内容设置 NAT 参数。

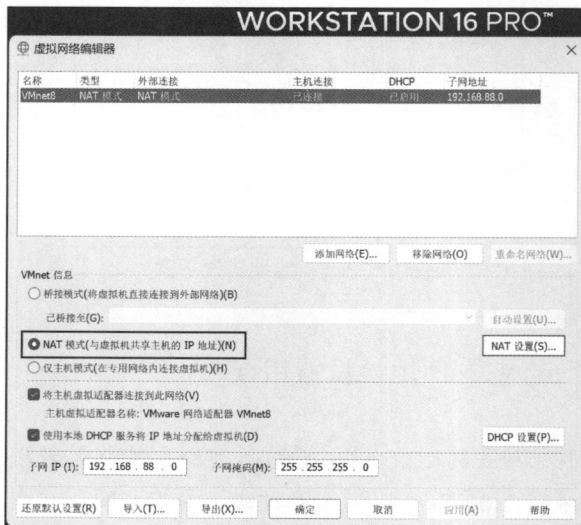

图 10-10　设置 NAT 模式

图 10-11　设置 NAT 参数

在图 10-11 界面上单击 DNS 设置按钮，可以看到设置的 IP 地址范围为 192.168.88.99～192.168.88.254，如图 10-12 所示。

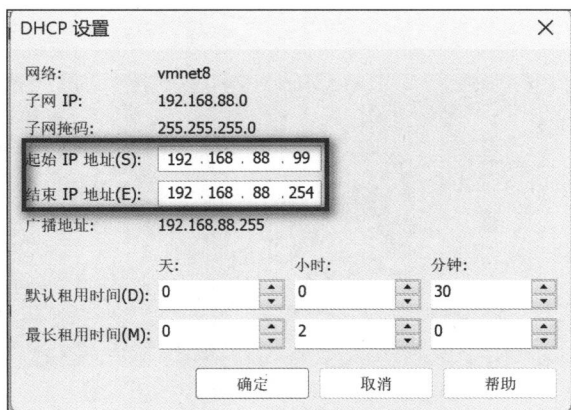

图 10-12　IP 地址范围

打开本地 Windows 电脑（计算机），网络连接界面会出现一个网络连接，这就是我们设置的虚拟网络 VMnet8。使用鼠标右键单击该网络，在弹出界面上选择"属性"选项，开始设置 Internet 协议版本 4 的属性，设置默认网关为 192.168.88.2。涉及的界面如图 10-13 和图 10-14 所示。

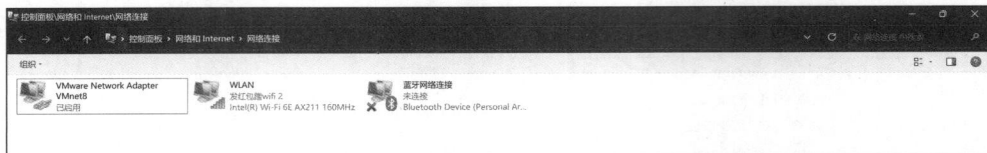

图 10-13　Windows 10 本地网络

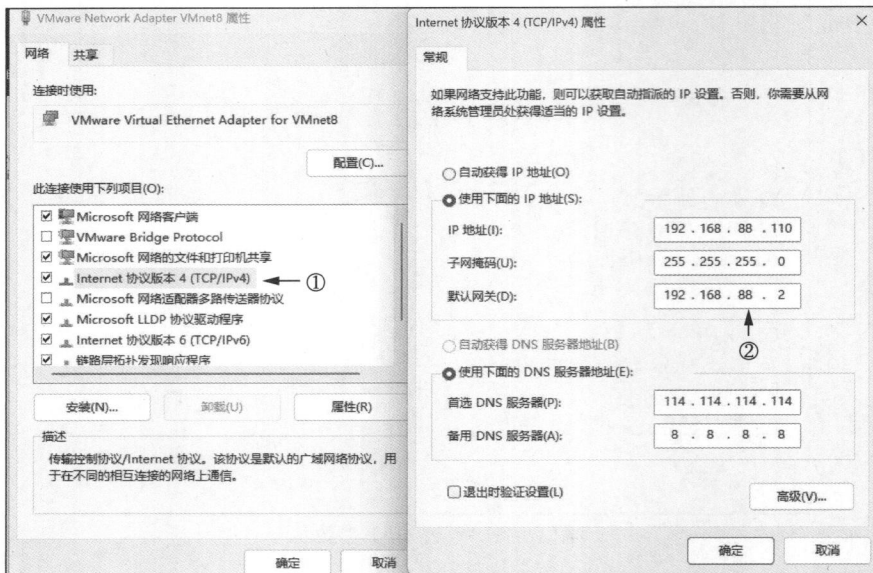

图 10-14　Windows 10 本地网络设置

下面查看 Windows 10 本机网络设置和虚拟网络设置，在命令行输入 ipconfig，如图 10-15 所示。

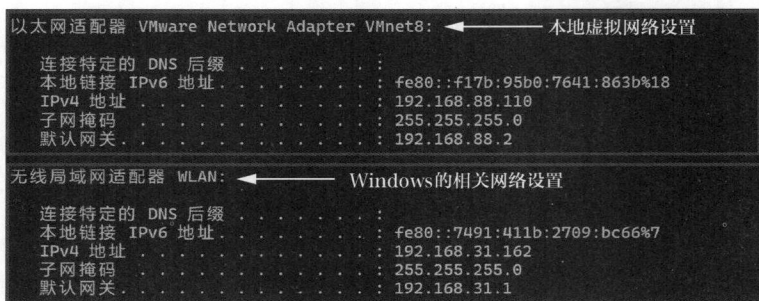

图 10-15　本机网络设置和虚拟网络设置

打开 VMware Workstation 软件，找到已经安装好的虚拟机，打开虚拟机，进入到虚拟机网络设置路径：/etc/sysconfig/network-scripts，找到网络设置文件 ifcfg-eno16777736（不同虚拟机可能生成不同的网络文件），在命令行输入 vi ifcfg-eno16777736，进入文件编辑模式，按图 10-16 所示内容进行修改。这里将网关设置成错误的网关 192.168.88.1。之后退出编辑模式，在命令行输入!wq。

```
TYPE="Ethernet"
BOOTPROTO=static ←—— 设置网络为静态网络
DEFROUTE="yes"
IPV4_FAILURE_FATAL="no"
IPV6INIT="yes"
IPV6_AUTOCONF="yes"
IPV6_DEFROUTE="yes"
IPV6_FAILURE_FATAL="no"
NAME="eno16777736"
UUID="3e4ddb23-94d7-4414-93e7-0096acdacd62"
DEVICE="eno16777736"
ONBOOT="yes" ←—— 开机自启
DNS1=114.114.114.114
IPADDR=192.168.88.131 ←—— 虚拟机IP地址
PREFIX=24
GATEWAY=192.168.88.1 ←—— 设置网关
IPV6_PEERDNS=yes
IPV6_PEERROUTES=yes
~
```

图 10-16　修改文件内容

下面验证虚拟机是否可以访问外网，以此断定网关是否起作用。在虚拟机命令窗口输入 ping www.ptpress.com.cn，发现无法访问该网站，如图 10-17 所示。

```
[root@hadoop01 network-scripts]# ping www.ptpress.com.cn
ping: unknown host www.ptpress.com.cn
```

图 10-17　错误的网关设置示意

设置正确的网关后，我们再进行上述操作，发现可以访问该网站，如图 10-18 所示。

```
[root@hadoop01 network-scripts]# ping www.ptpress.com.cn
PING www.a.shifen.com (183.2.172.42) 56(84) bytes of data.
64 bytes from 183.2.172ptpress.com.cn=1 ttl=128 time=9.38 ms
64 bytes from 183.2.172.42: icmp_seq=2 ttl=128 time=8.01 ms
64 bytes from 183.2.172.42: icmp_seq=3 ttl=128 time=20.2 ms
```

图 10-18　正确的网关设置示意

10.4.3　实验 3：使用 iptables 设置网络

如果暂时阻止所有进入的网络连接，则可以使用以下命令。

```
iptables -A INPUT -j DROP
```

这时使用以下命令可以列出所有的 iptables 规则，以查看设置的新规则是否已经添加其中。

```
iptables -L
```

如果恢复所有进入的网络连接，则可以使用以下命令删除这条规则。

```
iptables -D INPUT -j DROP
```

如果只阻止特定的 IP 地址（或 IP 地址范围），则可以使用以下命令。

```
iptables -A INPUT -s 192.168.88.110 -j DROP
```

上述命令将阻止来自 IP 地址 192.168.88.110 的所有进入的网络连接。

上述命令中相关参数的含义如下。

- -A：添加一条规则，默认将规则加在最后。
- -s：指定源地址。源地址可以是 IP 地址，也可以是网段 192.168.88.110～

192.168.88.120。如果源地址为空，则表示拒绝所有 IP 地址。

- -j：指定所需要的操作。这里涉及的拒绝有两种方式，一种是 REJECT，另一种是 DROP。DROP 表示不回应，REJECT 表示拒绝。

查看 mangle 表中的防火墙规则，可以使用以下命令。

```
iptables -nvL -t mangle
```

这里的-t 用于指定表名，默认情况下为 fliter 表。

查看 fliter 表中规则的顺序使用以下命令。

```
iptables -nvL --line-numbers
```

这里的--line-numbers 用于查看指定表中的规则的顺序。表中的规则是有执行顺序的，number 值越小，越早被执行。

拒绝来自 192.168.88.110 的主机访问 IP 地址 192.168.88.131 和 192.168.88.132 的命令如下。

```
iptables -A INPUT -s 192.168.88.110 -d 192.168.88.131,192.168.88.132 -j REJECT
```

这里的-d 用于指定目标地址，-s 用于指定的源地址。多个 IP 地址以英文逗号分隔。-s、-d 属于并且的关系，即拒绝源地址是 192.168.88.110 的 IP 地址且源地址是 192.168.88.110 的访问；而 192.168.88.131 和 192.168.88.132 在逻辑上属于或的关系。

拒绝 192.168.88.110 主机使用 TCP 访问端口 22 的命令如下。

```
iptables -A INPUT -s 192.168.88.110 -p tcp --dport 22 -j REJECT
```

这里的-p 用于指定协议，可以通过"/etc/protocols"文件查看协议类型；--dport 用于指定目标主机的端口号。

拒绝来自 192.168.88.110 主机发来的 ping 数据包的命令如下。

```
iptables -A INPUT -s 192.168.88.110 -p icmp -j REJECT
```

由于 ICMP 没有端口号，既不属于 TCP 也不属于 UDP。正因为这种特性，这条命令会造成 192.168.88.110 主机无法 ping 通虚拟机、虚拟机也无法 ping 通 192.168.88.110 主机的情况。

拒绝 192.168.88.110 主机访问本地 eth0 网卡的命令如下。

```
iptables -A INPUT -s 192.168.88.110 -i eth0 -j REJECT
```

这里的-i 用于加上网卡名，表示报文流入的接口。

除了 192.168.88.110 的主机可以访问本地 TCP 的 80 端口，其他主机的访问全部拒绝的命令如下。

```
iptables -A INPUT ! -s 192.168.88.110 -p tcp --dport 80 -j REJECT
```

这里的"!"表示非，一般情况下很少使用该方式。

拒绝来自 192.168.88.110 主机发送来的 icmp 的请求包，即 192.168.88.110 主机无法 ping 通本地主机，本地主机可以 ping 通它的命令如下。

```
iptables -A INPUT -s 192.168.88.110 -p icmp --icmp-type 8 -j REJECT
```

这里的-p 用于指定协议；--icmp-type 用于指定 ping 数据包的类型。

注意：在 ICMP 中，ping 通需要满足：源主机向目标主机发送一个请求包（8），目标主机收到之后，便会返回一个回应包（0）这个条件。

拒绝来自 192.168.88.110 主机发送来的访问本地端口 20～22 和 80 的数据包的命令如下。

```
iptables -A INPUT -s 192.168.88.110 -p tcp -m multiport --dports 20:22,80 -j REJECT
```

这里的-m 后面跟模块名；multiport 表示以离散形式表示的多端口（最多可以跟 15 个端口号）。--dports 表示目标端口是多个端口。

拒绝 192.168.88.100～192.168.88.120 范围内的所有主机的访问的命令如下。

```
iptables -A INPUT -m iprange --src-range 192.168.88.100-192.168.88.120 -j REJECT
```

这里的 iprange 表示 IP 地址范围；--src-range 表示源地址范围。

10.5　习题

1. 在工业网关的配置中，以下（　　　　）可能导致数据传输中断。

A. 网关的 IP 地址与网络中的其他设备冲突

B. iptables 规则允许所有流量通过

C. 防火墙策略关闭了所有端口

D. 以上都不是

2. 工业网关出现无法连接到远程服务器的问题，以下排查步骤的顺序应该是（　　　　）。

A. 检查网关的网络连接状态

B. 检查防火墙策略是否阻止了连接

C. 检查服务器是否正常运行

D. 检查网关的 IP 地址配置是否正确

3. 若工业网关的 iptables 规则设置错误，以下（　　　　）方法可能无法解决问题。

A. 重新启动网关

B. 清除所有 iptables 规则

C. 按照正确的需求重新设置 iptables 规则

D. 查看 iptables 日志以确定错误规则并修改

4. 工业网关突然无法与本地设备进行通信，可能的原因是（　　　　）。

A. 网关的电源故障

B. 本地设备的网络配置错误

C. 网关的防火墙策略阻止了本地设备的访问

D. 以上都有可能

5. 当发现工业网关由于错误的配置导致无法正常工作时，第一步应该做（　　　　）。

A. 立即尝试恢复默认配置　　　　　　　B. 分析错误配置的影响

C. 停止所有相关服务　　　　　　　　　D. 备份当前配置